PAUL A. SAMUELSON

读懂萨缪尔森

李慧敏◎著

经济日报出版社

图书在版编目（CIP）数据

读懂萨缪尔森/李慧敏著.
--北京：经济日报出版社，2012.1
ISBN 978-7-80257-381-9

Ⅰ.①读…
Ⅱ.①李…
Ⅲ.①萨缪尔森，P.A.（1915～2009）-生平事迹
②萨缪尔森，P.A.（1915～2009）-经济学-思想评论
Ⅳ.①K837.125.31②F097.125

中国版本图书馆CIP数据核字（2011）第255631号

书　　名：读懂萨缪尔森
作　　者：李慧敏
责任编辑：赵博雅
责任校对：张　青
出版发行：经济日报出版社
地　　址：北京市西城区右安门内大街65号（邮编：100054）
电　　话：010-63567690　63568136　63567691（编辑部）　63567687（邮购部）
　　　　　010-63538621　63588445　63559665　63516959　83558469（发行部）
网　　址：www.edpbook.com.cn
E-mail：jjrbbjb@163.com
经　　销：全国新华书店
印　　刷：北京东海印刷有限公司
开　　本：710×1000mm　1/16
印　　张：11.75
字　　数：150千字
版　　次：2012年1月第一版
印　　次：2012年1月第一次印刷
印　　数：0001～5000册
书　　号：ISBN 978-7-80257-381-9
定　　价：30.00元

读懂经济学界的大师们

——代前言

人类进入文明社会，经济相伴而生。从自发到自觉，人类社会的经济活动从没有停止过，自然，探寻经济活动规律的经济学研究也就从来没有停止过，甚至取得过一次又一次辉煌的成就。可以这么说，每一次经济学领域的辉煌都造就了一位顶级的经济学大师，或者说每一位经济学大师都创造了一个时代的辉煌。因此，我们就有必要了解这些创造辉煌的大师并弄懂大师们凭什么创造了辉煌。

可是问题来了，大师们的著作大多属于"天书"，不是我们每一个人都能轻松读懂的，不管是亚当·斯密的《国富论》，还是凯恩斯的《通论》，亦或是萨缪尔森的《经济学》，没有点经济学功底的的人要想彻底读懂他们几乎成为不可能。而我们的工作之一，就是让这种不可能变成可能，让"读懂经济学大师系列"走入普通人的生活。

在经济普及图书的编辑出版过程中，经济日报出版社已经积累了丰富的经验。从 2003 年出版《推开宏观之窗》算起，我们已经走过了 6 个年头，一批深入民间的经普读物正在读者当中默默讲述着象牙塔里的故事。仅以《推开宏观之窗》为例，6 年来已经发行 12 万册，在政府官员、企业家和普通百姓当中发生着重大的影响。这本书本着让高中生以上的人群读懂宏观经济的目的，实现了"学习宏观经济就像推开一扇窗户那样容易"的愿望，除了长期占居各大图书卖场畅销榜外，还一举夺取了"十四届国家图书奖"。

由此可见，经普读物出版工作大有可为。从 2010 年起，我们将隆重推出“读懂经济学大师系列”，如《读懂亚当·斯密》《读懂凯恩斯》《读懂萨缪尔森》《读懂曼昆》《读懂哈耶克》《读懂弗里德曼》等一批深入浅出的经普图书。我们相信，只要作为社会最小细胞的每一个普通个体都弄懂了经济学大师的经典思想和灵魂所在，我们整个的经济社会将变得更加理性、更加繁荣。从此，一个年轻的出版社会被大家记得——那就是致力于经济普及读物出版的经济日报出版社。

经济日报出版社社长兼总编辑

2010年·元旦

目录 读懂萨缪尔森

UNDERSTANDING PAUL A.SAMUELSON

第四章　现代经济中市场与政府的角色

第五章　是什么决定了消费者的行为
——萨缪尔森与“显示偏好”理论

第六章　如何增进个人与社会福利
——萨缪尔森与福利国家理论

第七章　政府如何为经济活动保驾护航
——萨缪尔森与税收理论

第一章　最后一位通才
——萨缪尔森其人其事

第一节　真正的伟人：保罗·萨缪尔森

在20世纪下半叶，恐怕没有人能比他更能代表经济学的主流思想了。首先，作为一位最成功的经济学教科书的作者，他的书缔造了19次再版，印刷400多万册的出版奇迹，影响了整整一代人。其次，他在二战之后，百废俱兴之际帮助新古典经济学复苏，成为战后经济学第一人，并创立了一个新的经济学流派：新古典综合派。最后也是最为重要的一点，他是当今经济学界罕见的百科全书式的人物，其研究涉及各个领域，建树不凡，堪称经济学界最后一位通才。

当他在1970年获得诺贝尔经济学奖时，诺奖委员会对他的评价是“提高了经济科学的整体分析和方法论的水平”。

而美联社在总结他一生的主要成就时说：他将数学分析方法引入经济学，帮助经济困境中上台的肯尼迪政府制定了著名的“肯尼迪减税方案”，并且写出了一部被数百万大学生奉为经典的教科书。

而用他自己的话说，他倾其一生都在努力“建立一座伟大的教堂”——一座兼容并包、融合理论思想与人文关怀的经济学大厦。他已为这座大厦打下了坚实的基础，而后来的经济学家重任在肩。

他，就是我们这本书的主角，继亚当·斯密、凯恩斯之后世界上最为著名的经济学家：保罗·萨缪尔森。

对于这样一位伟人，我们也许不需要太多的溢美之词，只需简要列出他的成就清单，读者定能从中体会到这位经济学泰斗永不消逝的光荣与风骨：

将数学引进经济学

萨缪尔森在 1985 年 2 月的一次演讲中曾说过，1932 年他开始在芝加哥大学攻读经济学时，经济学还只是文字的经济学，数字还没有加入到经济学科当中来。

他还说，在旧式的经济学中，处处充斥因袭过往的陈腐谬论，茁壮的科学新株难以由这片土壤孕育出来，而时髦的教科书与论文，也无法有效地反映真实世界的景况。而这正是萨缪尔森誓将数学引入经济学的重要背景之一。

之后，在其导师指引下，萨缪尔森于 26 岁那年取得博士学位。其博士学位论文《经济理论操作的重要性》获哈佛大学威尔斯奖，正是以此为基础形成的《经济分析基础》为萨缪尔森赢得了诺贝尔经济学奖。

1958 年，他与 R · 索洛和 R · 多夫曼合著了《线性规划与经济分析》一书，为经济学界新诞生的经济计量学作出了卓越贡献。

“肯尼迪减税方案”的制定

1961 年 1 月，肯尼迪就任总统时所发表的第一个国情咨文中悲观地宣布：“目前的经济状况是令人不安的。我们是在经历 7 个月的衰退、3 年半的萧条、7 年的经济增长速度降低、9 年的农业收入下降之后就任的。”

1953 年，当《经济学》第三版发行时，萨缪尔森来到美国预算局，为美国政府出谋划策。

肯尼迪是美国第一位旗帜鲜明地奉行凯恩斯主义的总统。肯尼迪采纳了萨缪尔森的建议，实行了著名的“肯尼迪减税”政策，增加了消费支出，扩大了总需求，并增加了经济的生产和就业。实际上当肯尼迪提出的减税最终在 1964 年实施时，它促成了一个经济高速增长的时期。萨缪尔森也成为白宫中不可或缺的高参。

一部伟大的教科书：《经济学》

1948 年，萨缪尔森发表了他最有影响力的巨著——《经济学》。这本书一出版即告脱销。许多国家的出版商不惜重金抢购它的出版权，不久即被翻译成日、德、意、匈、葡、俄等文字。

不少经济学家评论萨缪尔森在经济学领域中的影响时指出，萨缪尔森在经济学领域中的影响可以说是无处不在的。人们进入大学一开始学习经济学便遇到了萨缪尔森，读的是萨缪尔森的教科书——《经济学》；而当进入高层次经济理论研究之时，人们还是离不开萨缪尔森，这时萨缪尔森的《经济分析的基础》成为了经济理论研究的指导；在几乎所有的经济学领域，诸如微观经济学、宏观经济学、国际经济学、数量经济学，人们总是能从萨缪尔森的有关著作中获得启示与教益。

第二节　通才萨缪尔森的传奇人生

一、成长轨迹

让我们把时间调回到 1915 年 5 月 15 日，因为这一天我们的主人公将在美国印第安纳州一个犹太人家庭迎来他人生的第一缕阳光。尽管我们不敢肯定他的父母是否意识到怀中的小宝贝会在日后成为一个伟人，但 90 多年后的我们却由衷地为这一天欢欣鼓舞。

年少时的萨缪尔森是一个活泼好动的小孩，常常在一眨眼间就消失得无影无踪。为此，他的父母伤透了脑筋。好在萨缪尔森自小聪明伶俐，对于大人提出的问题总能快速又准确地给出答案，并且善于思考，能从平淡无奇的生活中总结出超乎同龄人思维的既全面又深刻的结论，这令其父母感到些许安慰。更重要的是，他还慢慢地迷上了在外人看来简直枯燥乏味到极点的数学演算。就这样，萨缪尔森以优异的成绩完成了小学和初中学业。

到上高中的时候，有一次，萨缪尔森像往常一样溜进距离家不远的芝加哥大学的一间演讲厅听讲座，主题正是马尔萨斯的人口理论。该理论认为，地球上的人口将像兔子一样呈几何级数增长，直到每英亩土地的产出不足以维持相同土地上人口的生活水平时，死亡率开始上升，并逐渐与出生率相等……听着听着，他开始对其中涉及的一些微分方程产生了怀疑："不会这么简单吧？是否这个老师漏掉了一些深奥复杂的部分呢？"萨缪尔森想了半天，尽管一头雾水，却在无意间产生了这样的念头："看来经济学这个东西还蛮有趣的，我以后上大学就选这个专业好了！"

于是，1931 年，十六岁的萨缪尔森以优异成绩考入芝加哥大学学习经济学，迈出了他传奇人生的重要一步。

须知此时此刻，古典经济学还统领着整个经济学界，所谓的经济学不过是文字（或者说大白话）的堆砌，和数学完全不沾边。这令年少的萨缪尔森感到极其乏味，不愿再和这些陈腐的教科书打交道。为解闷，他开始一边博览群书，一边在阅读之余发掘现有经济学理论中的不足之处。正是这样的学习方法，使得萨缪尔森的成绩得到了长足的进步，最终以全 A 获得了芝加哥大学的学士学位，并顺利进入哈佛大学继续深造。

哈佛提倡学术自由的风气令萨缪尔森感到无比欣喜，于是他更加刻苦钻研经济学，分析各流派的优势与不足。这样，仅用了一年时间，他就获得了经济学硕士学位，并以敏捷的思维、广博的知识以及刻苦的精神，赢得了诸多著名经济学教授的青睐。尤其是数理学家汉森，对萨缪尔森的才能赞叹不已，还特意收下他做自己的助手。这之后，萨缪尔森开始继续攻读经济学博士学位。

1936 年，远在大洋彼岸的英国内阁经济顾问委员会主席凯恩斯出版了

轰动世界的《就业、利息和货币通论》，使经济学从“沉闷的学科”中走出来并重新焕发生机。在跟随老师汉森把凯恩斯主义移植到美国的过程中，萨缪尔森对凯恩斯的理论产生了浓厚的兴趣，随即决定从当时社会上亟待解决的问题——投资与就业入手，来研究经济学。

这个问题的研究让萨缪尔森的数学才能派上了用场，因为无论“投资”还是“就业”都免不了要和数字打交道。研究过程中，他采用多种数学工具对此问题进行了精辟的论述，“破天荒”地将数学引入了经济学，并开辟了数理经济学新时代。

二、《经济学》的诞生

1940 年，完成博士学位课程的萨缪尔森离开哈佛大学来到麻省理工学院任教，麻省的海纳百川给萨缪尔森提供了更为广阔的平台。

由于在经济理论界所做的开创性的研究，萨缪尔森很快被提升为麻省理工学院经济学副教授和辐射实验室经济学研究员。后来他被选调至美国战时生产局和战争动员重建办公室任职，并担任财政部经济顾问，这些工作使他有机会将经济理论应用于实际，并从实践中检验理论的科学性。

在研究过程中，萨缪尔森逐渐对凯恩斯的理论产生了怀疑，尽管并非颠覆性的反对，但他发现凯恩斯的理论确实存在许多漏洞，本着这样的认识，萨缪尔森做出了他人生中最为重要的一个创举——写成一部糅合了古典经济学和凯恩斯主义的独特教科书，这本书的名字就叫做《经济学》。其成就之大自不必赘述，在这里我只想引用前人对此书的一句评价：它使你觉得不像是在啃一本枯燥的理论书，而是在读一部有文学色彩的史书。其具体的理论思想我们会在后面的章节详细介绍。

就在《经济学》的出版取得轰动性效应的同时，萨缪尔森也立刻被麻省理工学院提升为经济学教授，并被冠以“凯恩斯主义的集大成者”的美名，年仅三十三岁的萨缪尔森由此蜚声美国及西方经济学界。

三、经济衰退的“第一大功臣”

1953 年，在《经济学》发行到第三版时，萨缪尔森应邀进入美国预算局，为政府出谋划策，他提倡赤字预算和追逐加速经济增长，并很快使朝鲜战争后的美国经济有了起色并最终克服了“艾森豪威尔停滞”，由此成为白宫的超级高参。此后，萨缪尔森又先后任职美国总统事务委员会调查咨询小组顾问和美国国家计划局经济顾问，均有不凡建树。

到 1960 年，原本就没有彻底恢复的美国经济再度低迷。1961 年 1 月，在第一个国情咨文中，新任总统肯尼迪悲观地宣布：“目前的经济状况是令人不安的，我们是在经历七个月的衰退、三年半的萧条、七年的经济增长速度降低、九年的农业收入下降之后就任的。”① 为了尽快摆脱困境，他邀请萨缪尔森为美国经济出谋划策。

这就是著名的“肯尼迪减税”政策的由来。

事实证明，减税政策效果显著：增加了消费支出，扩大了总需求，增加了生产和就业，促成了一个时期经济的高速增长，并确保美国在肯尼迪任职总统的 8 年中没有再爆发过一次经济危机。

以其卓越的功绩与成就，萨缪尔森俨然成为了美国凯恩斯主义的代言人。

1970 年，在第二届诺贝尔经济学奖评选中，55 岁的萨缪尔森以无可辩驳的经济学成果荣获当年的诺贝尔经济学奖，成为世界上第二位也是美国第一位获得诺贝尔经济学奖的人。“经济学泰斗”的头衔实至名归。

---

① 资料来源：1961 年，美国国情咨文

第三节　萨氏人生哲学解读

何谓人生哲学，简单来说就是人们为人处世时所奉行的准则与教益。谈到人生哲学，萨缪尔森从不回避自己作为一个卓有成就的经济学家的理想主义情节，他在一系列以“我成为经济学家的演化之路”（My Evolution as an Economist）为题的演讲中以及《我的人生哲学：政策信条和工作方式》中都曾谈到许多他引以为自豪的人生哲学，诸如“做一个有道德感、有心灵的经济学家”而非仅仅把经济学当做一种谋利的工具，又或者他认为自己和一些犯了大错还不肯回头检讨的经济学家不同，他历来宣扬独具特色的“萨缪尔森法则”——永远要回头看。因为过去的经验总是值得学习的，即使再权威的学者作出的预测，也有可能和现实不符，换句话说任何伟人都有可能犯错。不过，这些论点并不代表萨缪尔森反对预测，“如果你必须预测，那么就经常为之”，在变化多端的现实面前，萨缪尔森历来保持着科学而理性的态度。

一、萨缪尔森法则：永远要回头看

萨缪尔森曾提到过自己犯下的最严重的错误——那是从二战结束到50年代初期，一大批经济学家都热衷于对战后经济将如何发展作出最权威的预测，甚至出现了由跨集团的队伍共同执笔的官方版本，他们断定第二次世界大战后会出现大量失业的情形。但结果却是很具有戏剧性的：这个时期资本主义世界的经济逐步恢复，堪称战后资本主义发展的“黄金时期”。萨缪尔森本人尽管没有直接参与这类官方预测，却在他的相关论文里或多或少作出了类似的预测，他为此十分后悔和懊恼，多年后提及仍旧充满自责。究其原因，萨缪尔森认为这都是因为自己没能对过去的经验作出正确的参考和借鉴，在这一点上，他认为自己的老师汉森和其他许多凯恩斯学派或非凯恩斯学派的同僚都做得比他好。

自此之后，萨缪尔森在研究工作中始终坚持对过去经验的重视，他对那些忽视来自过去的教益、鼓吹“永不回头看”、随心所欲对未来作预测的经济学者很反感，用他自己的话说：“我倒想鼓吹萨缪尔森法则：‘永远要回头看。’你可能会由过去的经验学到东西。我们所作的预测，通常并不如自己记忆中的那样正确，二者的差异值得探究。”

萨缪尔森的观点并不是没有道理的，就中国的经济发展来讲，从计划经济到社会主义市场经济的转变就经历了一个漫长而残酷的经验学习过程，一开始大包大揽的计划经济，不能发挥出市场灵活而有效的优势，但照搬西方放任的资本主义市场经济，也被证明不可行。尽管代价巨大，但至少让人们认清了现实，走了一条充分发挥市场优势，同时政府又适度宏观调控的“有中国特色的社会主义道路”。试问如果我们忽视过往，又怎能体会到什么才是最适合今天的发展道路呢？

二、做一个有道德感的经济学家

许多经济学家，在谈到他们为何选择学习经济学时都表明自己是想为世界做点好事，萨缪尔森却很幽默地反其道而行之，他说他一开始只是因为觉得经济学很简单、挺有趣才偶然成为经济学家的，读到这里我们除了忍俊不禁，却又羡慕起萨缪尔森来。因为我们中的很多人刚接触经济学的时候花了许多时间却始终搞不懂供给与需求理论的本质，始终不能理解为什么对某种商品需求的增加会导致另一种几乎毫不相干的商品价格的下降。由此看来，萨缪尔森在经济学方面似乎具有与生俱来的才能。

尽管是误打误撞进入了经济学领域，萨缪尔森对如何做一名合格的经济学家却有独到的见解，大多数经济学家只关注如何使效益最大化，在平等和效率面前他们选择了效率，经济学家去关注平等，谈论道德被他们认

为是“不务正业”。萨缪尔森却不这样认为。虽然关注平等还是效率在经济生活中历来是两难的问题，但在追求效率的过程中加入道德和理性，在追求平等的路途上顾及效率，才是一个真正有高尚心灵、具备道德感的经济学家所为。萨缪尔森用自己一生的言行告诫大家，单纯对于知识和效率的追求并不会使人类变得高尚，反而会玷污科学本身的纯洁，使一切科学活动失去意义。因此他提倡经济学家应当培养道德感，因为经济学的宗旨之一就是增进人们的福利，它本身就是一门道德科学。

萨缪尔森的这番观点无疑给当代某些只重视眼前利益，忽略弱势群体需求的伪经济学者或官员们敲响了警钟，任何违背道德的增进效率的行为都是无意义的，都是不应提倡的，打着经济学的幌子实为谋取利益的行为，最终只能害人害己。作为推动经济社会进步的重要成员——经济学者们只有扎实理论、结合现实，创造性地解决经济问题，并兼具人文关怀，才能成为真正意义上的经济学家。

三、一个兼收并蓄的践行者

面对一个杰出的经济学家，我们习惯性地想将他归入某个派别，但这套分类方法用到萨缪尔森身上时却忽然不灵了。我们发现尽管他著作颇丰、成就斐然，却似乎不属于任何一个派别，因此有人称呼他为“自由派经济学家”，萨缪尔森则更喜欢称自己为一个“兼收并蓄”的经济学家。可能有人看到这里会说，萨缪尔森没有勇气，或者没有足够的研究成果将自己归属到某一个学派呢。如果你这么想就真的误解了这位伟大的宗师。

在萨缪尔森看来，犯错误是很令人厌恶的事，他从不喜欢犯错误，可当错误无可避免的时候，他宁愿选择成为自己的批评者，真如他的原话所说：“我为什么要把批评的乐趣留给另一个人呢?”于是在不断的批评与再批评的过程中，萨老的学术思想经历了一个逐步改良、完善的过程，对于最初看似完美的观点，如果事实证明确实错误了，萨老会毫不犹豫地摈弃它，不像其他把研究成果当宝贝、抱残守缺的经济学家一样。作为一个著名经济学家，萨缪尔森承认错误、改正错误的真诚与坦率看起来比我们许多人要好得多。

接下来我们要谈谈萨缪尔森为何能够始终践行“兼收并蓄”这一思想。首先，萨缪尔森提到他之所以不属于任何一个学派，是因为“大自然母亲就是兼收并蓄的”，他认为经济学作为一门科学自然应该如此。举个例子，萨缪尔森事实上很信奉自由市场的魔力，他相信市场经济能够给国家带来机遇，给企业注入活力，也能给个人带来机会，总之市场经济是能够带来效率的。但他同时又对凯恩斯所提倡的政府干预很感兴趣，认为市场经济辅以适当的政府干预很多时候可以有效地改善经济结果，这两种看似对立的手段在萨缪尔森看来却都有合理之处，因此他在自己的理论中将其巧妙地综合了起来（其具体经济思想我们会在之后的章节进行解读）。这些事实也奠定了萨缪尔森作为一个出色的“折衷主义者”的基础。

我们不妨来看看萨缪尔森曾在《中间道路经济学》序言中提到的话：“左派和右派的思想家们喜欢用极端对立的方式思考问题。这不是我作为一个经济学家的作风。认真研究经济师的经验，加上50年来学习和发展错综复杂的经济理论，都迫使我不得不成为一个折衷主义者：在个人的创造性与最优社会规则之间，寻找一条中庸之道。可以肯定地说，完全自由放任主义，不仅会导致个人之间的不平等发展到完全不必要的程度，而且会带来不可避免的宏观经济不稳定性——通货膨胀与通货紧缩、经济衰退与经济不景气，还有投资性金融泡沫与狂躁的价格暴跌危机。”简单来说，萨老的意思就是，真理往往不属于某个特定的派别，一个真正的经济学家的作风应当是以事实为准绳，以真理为目标，而不应该仅仅为了争论而争论。发展壮大某个派别固然能够带来荣誉，但对真理的不懈追求则更重要，所以他宁肯博采众长，将他认为正确的理论有机综合起来，而并不顾忌这些理论是否来自和他针锋相对的派别。

具有如此“海纳百川”的胸怀和不断修正自己的勇气，是萨缪尔森在经济学的道路上越走越宽阔的重要原因之一。

四、享受工作之乐

萨缪尔森从青年时期刚踏入经济学殿堂开始，直到人生的黄昏，一直笔耕不辍、孜孜不倦，这动力从何而来？为何我们中许多人在谈到工作时却总是一脸愁容，动不动就是百般苦处？

这其中最大的区别应该来自于面对工作的态度。萨缪尔森是真正把经济学研究当成了人生第一大乐趣，你简直无法叫他停止研究工作。他曾在自传中说到，经济学研究并不需要多好的工作条件，大概有支笔、有张纸就够了，你所需要做的就是不断地思索，然后把头脑中的东西写在纸上。当提到现代人们拥有的工作条件（互联网、电脑）时，萨缪尔森说他并不看好这些新一代人的工作方式，因为你很难想象这些悠闲的人们坐在电脑旁会像钢琴家那样忽然蹦出灵感。比起用电脑输入各种数据然后枯燥地等待结果，萨老觉得纸和笔的演算显然要亲切得多。很多时候，他都苦苦思索许多有趣的问题，而非像某些艺术家一样，坐等灵感的到来。许多人包括一些科学家都认为只有最核心最重要的问题才值得研究，就好像历史上只有那么几个伟人才值得称颂一样。萨缪尔森却幽默地调侃道，也许是他自己太愚笨而没有意识到什么问题才是最重要的，因此他几乎不放过任何自己感兴趣的问题，即使一些在外人看来是“劣质”的问题。这正是萨缪尔森的人生智慧所在，试问没有这些“劣质”问题的积累，你又怎么发现“什么问题才是最重要的呢？”

说到工作，有人喜欢逢人就问：您最近在忙什么呢？有人可能会回答，我最近在研究哪一方面的课题。但萨缪尔森却说他很不喜欢回答别人这个问题，因为他总是同时在关注许多方面的问题，头脑中充满了各种各样的想法似乎只等着哪一天喷薄而出。这看起来又有些违背我们日常的行事经验了，我们自己总是不断被告诫：你应当专注精力做好一个方面的事，免得竹篮打水一场空。但现在经过了萨缪尔森思想的洗礼后，却觉得做一个百事通也未尝不是一件好事。就像诗人写诗一样，在别人眼里似乎是未经思考喷涌而出，只有诗人自己知道他是经过了多少时日的潜伏与积淀，读破万卷书，行了万里路，才能有这一刻的妙语连珠。因此，正如萨缪尔森所说，“35 岁以后，我怎样进行研究越来越不重要了，相反，我常常让文章自己写出来。一个问题被提出来，你开始去解决它，写下解决方案的步骤。一个进展自然而然地导致另一个进展，就像你在写作中所阐明的那样。最后，能解决的问题就解决了，文章也写完了。最终完成的并不是什么我们从未想到过的东西，它只是等着我们写下来罢了。”① 简而言之，思考的问题越宽泛，得到的回报可能越多，甚至远远超出你最初想要的那个结果。

此外，和大多数笔耕不辍的作家一样，萨缪尔森似乎也有写作的“瘾”。他生怕把时间花在一些没有意义的事件上（比如开会），即使是在最重要的会议路途中，如果有了不绝的灵思，他也愿意停下来写作一番。时间如此宝贵，工作更不用选择地点，跟随自己的头脑行动无疑是最具乐趣的工作方式。萨缪尔森他总是为这些极富创造性的研究工作而自得其乐，如果要他用同样的时间来消遣，他可能会感到痛苦！

看到这里我想我们已经不必多言，萨缪尔森为何能有如此丰硕的著作和成果，为何能在他所涉及的如此宽泛的研究领域取得不朽成就，为何能经久不衰地被称为“经济学界最后一位通才”，实在是有其显而易见的道理！

---

① 参见萨缪尔森《我的人生哲学：政策信条和工作方式》

第二章　从亚当·斯密到凯恩斯

第一节 “看不见的手”与亚当·斯密

一、“看不见的手”

相信通过前文对萨缪尔森生平及治学态度的简要介绍，读者已经能够窥见萨缪尔森经济思想的一隅，作为一位二战后西方主流经济思想的代表者，他的贡献可以说是巨大的，甚至在当代中国，也可以感受到萨缪尔森无处不在的伟大思想的现实写照。

读到这里相信读者已经迫不及待想要了解萨缪尔森的具体经济思想了，想要验证他何以能够得到我们这么多的褒奖和赞誉。但萨缪尔森的经济理论并非凭空出现的，而是建立在西方经济学重商主义、古典革命、凯恩斯主义等一系列发展基础之上的，他的理论和大家熟知的亚当·斯密、凯恩斯等经济学领域划时代的伟人们有着千丝万缕的联系。尤其是上面提到的两位巨匠——代表了经济学发展两个重要时代的亚当·斯密和凯恩斯，更是对萨缪尔森经济思想的产生和发展起到了决定性作用。为了更好地理解萨缪尔森，我们有必要对这两位巨匠的理论及在萨缪尔森之前的经济学发展史作一番简单梳理。

一般来说，在萨缪尔森之前，经济学大致经历了两个主要发展阶段：重商主义和古典经济学阶段，发生过几次重大变革：古典革命、边际革命和凯恩斯革命。而在西方经济学的萌芽阶段，大致从 15 世纪下半叶至 17 世纪下半叶这 200 年间，一直占据西方经济学统治地位的理论就是“重商主义”（也称“商本位”），顾名思义就是把商业看得高于一切。重商主义认为：财富就是金银，金银就是财富；财富的真正来源应当是对外贸易的顺差。在此背景下，重商主义者们大力主张政府积极干预经济活动，并由国家控制外贸，通过对外贸易获得贸易顺差，加速各种贵金属的流入，从而积累更多的财富。简而言之就是把政府一切行动的目标都归结为攫取财富。尽管现在看来重商主义的根本出发点就存在很大问题：政府的行动如果仅以攫取外国财富为目标，而忽略别的方面（比如通过发展生产来获得财富的增长），那整个经济社会岂不乱套了？但在当时，由于重商主义本来就是代表商业资产阶级利益的学说，因此受到了统治阶级即商业资产阶级的普遍欢迎，在很长一段时间里统治着整个西方经济学界。

我们上面也提到，重商主义事实上是存在很大问题的，因此随着商品经济的发展，在英、法等国逐渐出现了一股反对重商主义的思潮，这些反对派强调：要增加国民财富，应当以发展生产为主要手段而非对外贸易，政府应当放开手脚给各个生产单位和个人以自由，最大限度地刺激生产。这就是后来所说的“自由放任”之道。这些反对思潮逐步演变为了西方经济学史上的“第一次重大变革”。这次变革的成果也是惊人的，西方经济学第一个完整的理论体系——古典经济学由此建立起来。而亚当·斯密就是古典经济学派的主要代表。

1776 年，英国伟大的经济学家亚当·斯密出版了他生平最著名的一部著作——《国富论》（全名为《国民财富的性质和原因的研究》），此书一经出版就获得了巨大成功，它标志着经济学作为一门独立学科的开始，同时也奠定了亚当·斯密作为西方经济学之父的地位。《国富论》系统阐述了经济自由主义理论及其政策，为劳动价值论奠定了基础，同时也是资本主义市场经济的起源，对后来资本主义社会的发展起到了巨大的推动作用，堪称一部划时代的巨著。《国富论》中所建立的经济理论体系可谓包罗万象，涵盖了从经济学、哲学、历史到政治理论、实践计划等等一系列内容。总结起来，《国富论》大致具有以下两方面的特点：对整个经济活动或者经济活动模式的一个详尽分析，主张应当实行自由贸易和自由竞争政策。而后者，就是斯密提出的“看不见的手”理论。

那么这只“看不见的手”到底代表什么意思呢？简单来讲就是指“市场调节”。这也是《国富论》的中心思想之所在。斯密认为看似杂乱无章的自由市场实际上具有自动调节的机制，它会自然倾向于生产整个社会最迫切需要的产品种类和数量。简言之，社会需要多少商品和种类，他就生产多少，而绝不会出现生产的产品卖不出去的现象。

二、家禽商的选择

为方便大家理解，我们来举个简单的例子。请你不妨假设自己是家禽商，常年生产鸡鸭等家禽。今年由于猪肉价格上涨等原因造成家禽需求量不断增加，甚至出现了供不应求的现象，家禽价格也自然噌噌往上涨。作为农场主的你喜不自禁，原来做家禽生意这么赚钱啊！于是立刻决定增加家禽的饲养数量，试图赚到更多钱。殊不知在你这样想的时候，别的商家何尝没有同样的想法？于是乎，大家都争先恐后地进入家禽行业，想要趁热打铁分到一杯羹。而结果如何呢？家禽行业竞争加剧，家禽数量急剧上升，原先供不应求的状况得到了缓和，起初只能在你这里买家禽的顾客现在有了更多选择，因此你不能再随意哄抬价格了。随着情况进一步发展，家禽数量更多了，供不应求的状况现在变成了供过于求，你发现家禽开始卖不出去了！怎么办呢？摆在你面前的只有两条路：坐等价格回升或降价。前面一条路在家禽业显然走不通，家禽是活物，等待的结果不仅会使你增加保存成本还可能出现家禽死亡的意外损失。没办法，你只能选择降价。同样的道理，那些新近进入家禽行业的商家也只能做出和你一样的抉择，他们也担心家禽卖不出去呀。这样，家禽价格又逐渐降回到了原来正常情况下的水平（斯密将其称为“自然价格”），此时我们就说家禽需求量和供给量达到了平衡。

而相反的情况，如果你所处的家禽行业现在面临需求减少的状况（比如说由于肉类价格下降导致大家更倾向于买肉而非家禽），那么你的家禽卖不出去了，只好降价，其他家禽商家找不到别的出路也只能和你一样降价，因此家禽价格普遍下降。这样，你会发现你的利润空间越来越小，做家禽生意越发没有奔头了。于是你决定减少在家禽行业的投资转而投资其他行业，或者干脆完全退出家禽行业，全身心开始进入另一个更赚钱的行业。同样的，别的许多家禽商家也做出了和你类似的抉择。结果是投身家禽业的商家慢慢减少，家禽数量很快下降，顾客们忽然发现，很多地方都买不到家禽了！（注意，尽管我们一开始假设家禽需求下降，但并不代表需求不存在了。）于是，仅剩的那些家禽商店变得门庭若市。这些家禽商看到有利可图立刻哄抬物价，顾客尽管不情愿也只能接受，因为他们没有别的选择。这样一来二去，家禽价格又回升了，一段时间之后可能就会回到原来的正常价格（也就是“自然价格”），家禽需求量和供给量再次趋于平衡。

我们看到在上述过程中，不论是商家还是顾客，谁都不是有意地想要促使商品价格趋于自然价格（事实上商家的心理是希望价格飙升，而顾客希望价格越低越好），但商品价格经过一番波动之后总能达到这个结果，市场上出现的短暂的供求不平衡，即商品供不应求或供过于求被自然而然地解决了。

用斯密的话来说就是，每个人都“只想得到自己的利益”，并不企图增进社会的福利，但是又好像受到一只“看不见的手”的指引，去尽力达到一个并非他本来想要达到的目的。这样，他从追求自己的利益出发，反而不知不觉增进了社会的福利，比他真正想要增进社会福利时所得到的结果还要好。而这只“看不见的手”事实上就是人们自觉地按照市场机制的作用自发调节着自己的行为，进而实现了社会资源的最均衡配置（如上例中的供求平衡），即社会效益最大化。

三、国家只是“守夜人”

从上述论点可以看出，斯密是完全信任“看不见的手”或者说市场机制的自发调节作用的，他认为只要市场是完全竞争的，“看不见的手”的作用就一定可以使社会资源得到最合理和最有效的配置。在这样的理论基础之上，斯密主张完全自由地从事经济活动，强调自由竞争的作用，倡导应当自由地发展国内外贸易，政府应当为经济的自由发展扫除一切障碍，简言之就是实行“自由放任”的经济制度。在这里，政府对于经济活动的任何干预都是不必要和不受欢迎的，并由此限定了政府的三项职能：保护社会，使其不受其他独立社会的侵犯；尽可能保护社会上各个人，使其不受社会任何其他人的侵犯和压迫，也就是说，要设立严正的司法机关；建设并维持某些公共事业及某些公共设施。简单来讲就是国家的职能变成了“守夜人”。斯密的这些观点和主张很快获得了许多追随者，并逐步被社会普遍接受。此后自由竞争的市场机制无论从理论上还是实践上，都得到了长足发展，随着其各项制度的逐步完善，资本主义世界迎来了“自由竞争”的黄金时代。

可以说斯密对于市场机制运行作用的论述是深刻且充分的，并在很大程度上顺应了时代的需要，迎合了资产阶级的需要，斯密因此获得了资本主义世界崇高的荣誉和声望。他的许多理论即使在今天也被奉为西方经济学的经典。

然而历史的发展让斯密的自由竞争市场理论开始面临严峻的考验。1929年，纽约证券市场的暴跌，骤然间拉开了世界性经济大危机的序幕。这次危机始于美国并迅速波及到了整个资本主义世界。这时社会上出现了一些奇怪的现象，这是斯密的理论无法解释的。首先是整个社会生产水平的大幅下降，贸易萎缩，失业人数急剧上升。与此同时农业生产也出现了危机，大批农民破产，农业生产衰退，这更进一步加剧了工业的危机。商人们突然发现，他们的产品无论怎样降价都卖不出去了；而普通民众却因为失业或收入骤减而买不起商品。这样的怪现象让人们不禁开始怀疑斯密的理论：既然说自由竞争的市场机制能够自发调节社会的供需，为什么还会出现经济危机呢？那只“看不见的手”到哪里去了？

资本主义世界开始呼唤救世者和全新的理论。

第二节 “看得见的手”与凯恩斯

一、“看得见的手”

前文说到，由于世界性经济危机的出现，亚当·斯密的自由竞争市场理论即“看不见的手”理论开始逐渐变得不合时宜了，在巨大的危机面前，它几乎显得无能为力。如何拯救处于危机中的经济学和资本主义世界？这需要新的救世主和理论。凯恩斯和他的经济理论应运而生。

那么这位凯恩斯到底是何许人也？他的理论观点真的能拯救资本主义和经济学于水深火热之中吗？

作为英国著名经济学家的凯恩斯在1936年出版了他最具代表性的著作《就业利息和货币通论》，简称《通论》。这部著作堪称经济学历史上划时代的里程碑。在此书中，凯恩斯对于“看不见的手”的失灵发表了见解并开出了药方：他认为市场的自我完善能力并不如斯密所说的那么神奇，一个政府只具有极少数职能的国家也并非就是最理想的国家。他主张应当通过有效的国家干预来调节经济，刺激需求，并进而解决失业。所谓的“国家干预”，凯恩斯将其称作“看得见的手”理论，作为对斯密“看不见的手”理论失灵的解决之道。

我们说经济危机主要表现在“生产过剩”，即产品卖不出去，换句话说就是“需求不足”。这样的情况下，企业只好通过关闭机器、裁减员工来减少生产，以求应对危机，而这就造成了大量工人失业，他们的收入减少，更加买不起东西了，这又进一步加剧了整个社会的需求不足，厂商们发现

产品更难卖出去了。如此恶性循环的结果是，整个社会的经济危机越发严重。那么凯恩斯的“看得见的手”理论如何解决这些问题呢？

凯恩斯在他的《通论》中举了一个“挖坑理论”的典故：如果我们雇两百人挖坑，再雇两百人把坑填上，这就创造了就业机会。他为什么这么说呢，是因为你要雇两百人挖坑，必然需要两百个铁锹，铁锹从哪里来？生产铁锹的企业。大家想想，这不是间接地刺激了铁锹企业的生产吗？此外，雇人工作还需要付薪水，这样就使得这些工人的收入有了保障，有能力买各种消费品了。而等我们再雇人把坑填上时，又得再发一次工资，再进一步地刺激消费，而类似这种活动的不断循环，就能使需求和供给逐步平衡。

凯恩斯为何要举这个例子呢？他是想说明，当一国经济萧条时，政府是有能力并且应当采取一些措施来改善这种状况的。具体来讲，就是要摈弃“自由主义”的原则，运用“政府干预”这只“看得见的手”来调节经济，采取一系列财政金融措施（主要以财政政策为主，货币政策为辅），增加公共开支，降低利息率，刺激消费，增加投资，以此来提高社会的有效需求，实现社会供给和需求的均衡，并保证充分就业。

《通论》的出版，直接导致了西方资本主义国家从“自由主义”向“国家干预”的转变，这在西方被称为“凯恩斯革命”。《通论》出版后，很快风靡西方经济学界，一些原来信奉传统古典经济理论的学者，放弃了他们的观点转而追随凯恩斯，逐渐形成了战后居于主流地位的凯恩斯主义经济学。此时许多资本主义国家也将“凯恩斯主义”运用到他们的经济发展中，取得了良好效果，这直接促成了资本主义发展史上“黄金时期”的出现。这一时期也被顺理成章地称为“凯恩斯时代”。许多人更是把凯恩斯称作“资本主义的救星”、“宏观经济学之父”。

可以说，凯恩斯对于经济危机背景下的资本主义国家的贡献是非同寻常的，他的《通论》也是毋庸置疑的一部巨著。那么除了我们上文所提到的冰山一角，凯恩斯革命具体表现在哪些方面？它到底革了谁的命？凯恩斯所提的诸多政策主张效果又如何呢？

二、凯恩斯革了谁的命?

对“凯恩斯革命”的理解，经济学家们观点不一，有人认为凯恩斯革命的贡献在于“有效需求原理”① 的提出，而另一些人则认为凯恩斯革命使人们的思想从均衡观转向了历史观，开始以推理或惯例为基础来进行经济决策。不论这些观点如何，我们认为，凯恩斯革命的贡献主要体现在以下几方面：

1. 凯恩斯的《通论》从根本上否定了“萨伊定律”，从而否定了古典经济学对于市场均衡的假定，因此它能够对经济危机和失业的产生作出更好的解释。

为理解这一点，我们有必要先说说“萨伊定律”。这个定律是在 19 世纪初由法国经济学家萨伊提出来的。他认为在商品交换中货币只在一瞬间起作用，当交易结束时，我们将发觉交易总是以一种货物交换另一种货物，因此一种产品一经售出，从那时刻起就给价值与它相等的其他产品开辟了销路。由此他提出了这一命题：供给会创造自身的需求。这是什么意思呢?简单来讲有三方面的含义。首先，产品本身就能够创造自己的需求（这就好比你生产任意一种产品都会有人买）；其次，由于市场经济具有自我调节的作用，不可能产生遍及国民经济所有部门的普遍性生产过剩，而只能在国民经济的个别部门出现供求失衡的现象，而且即便如此，这种情况也是暂时的。最后，货币被认为仅仅是商品流通的媒介，商品的买和卖是一体的，不会脱节。于是，根据“萨伊定律”，在一个完全自由的竞争性市场经济中，由于供给会创造自己的需求，因而社会的总需求始终等于总供给，而不会出现生产过剩和需求不足的情况。而以马歇尔为代表的新古典经济学接受了“萨伊定律”，并在传统古典经济学的基础之上提出了自己的一套理论。新古典经济学的理论主要包含四个方面：劳动供求论、总需求理论、

① 有效需求：资本家在经营生产时，既要考虑商品的总供给价格，又要考虑总需求价格。如果总需求价格大于总供给价格，资本家有利可图，增雇工人，扩大生产。反之减雇工人，缩小生产，直至两者相等，资本家预期获得的总利润达到最大量，生产和就业都达到均衡状。此时的社会总需求，称为“有效需求”。

利息论和货币数量论。下面我们来简要了解一下这些理论，这将有助于大家更深刻理解凯恩斯到底革了谁的命。

关于劳动供求论（即厂商对劳动的供给和需求）。新古典经济学认为，根据边际生产率理论①，在生产能力和技术水平一定的条件下，厂商生产产品的产量取决于雇佣工人的数量。而随着雇佣工人数量的增加，所生产的边际产品是递减的。怎么理解这个边际产品递减呢？不妨想象你去吃你很喜欢的鸡腿，第一口下去效用极高，第二口也还不错，随着吃的量逐渐增多，你的效用也慢慢降低了，而生产中的边际产品递减也是一样的道理。因此在这样的情况下，完全竞争的厂商们为了获取最大的利润，就必须控制他们所雇佣的工人数量，使其最后雇佣的工人所增加的成本（即工资），等于该工人生产的边际产品的价值。因为只有这样，厂商雇佣的工人数量才能达到一个最优的水平，即均衡水平。雇佣人数太多，边际产品会变成负数，厂商会赔钱，雇佣人数不够，厂商会赚不到预期的钱。另一方面，我们来考察一下厂商对劳动的需求量，不难理解，这个需求肯定是和工资率成反比的，因为厂商当然愿意雇佣那些拿低工资而提供同样多工作量的工人。但对劳动者来说，情况正好相反，厂商开出的工资越高，他们愿意提供的劳动量越多，即劳动供应量和工资率成正比。工资的可伸缩性，将使劳动的供求趋于平衡，从而达到充分就业的状态。

关于总需求理论。新古典经济学派认为所有经济活动的目的都是为了消费，而消费依赖于收入，收入又来自于生产，因此任意的生产行动都反映了某种需求。总需求不足就不可能生产，从而全面的生产过剩的情况也不会发生。而局部的生产过剩又可以通过价格机制得到解决。比如生产过剩行业中的厂商可以自行转移到其他行业中去，从而解决了局部生产过剩。

关于利息理论。新古典经济学派认为，收入＝消费＋储蓄，而利息率是调节消费和储蓄的工具。储蓄和利息率成正比，消费和利息率成反比。人们收入中用来储蓄的部分所导致的需求缺口，也会因为储蓄转化为了投

① 是指在各种产业中每多增加一单位的生产要素（如劳工、资本等）所能增加的生产量

资而得到解决，因此新古典经济学派认为不可能出现总需求的不足。

最后，关于货币数量论。新古典经济学的货币数量论是以“萨伊定律”中的“货币只具有交换媒介的功能”为基础的。为了追求利益最大化，人们会将所拥有的货币尽快消费，以避免货币闲置所损失的机会成本。进一步推论，货币流通数量不会影响实际的经济变量（如产量、实际工资、就业人数等），而“仅能影响这些实际变量的货币数值的大小”。在这里，货币被彻底认为只是价值的量度和交换媒介，其作为商品的特质被忽视，而货币的价格变化不但没有受到重视，更得出了货币不会影响其他变量的结论。

简而言之，在萨伊定律和完全竞争理论的支撑下，以马歇尔为代表的新古典经济学派深信资本主义经济有自发地达到充分就业均衡的能力，一旦经济出现不均衡时，市场的各种机制就会自发调节使之恢复均衡。换句话说，在这样的理论假设下，资本主义经济是不会产生生产过剩（或者说需求不足）的情况的，而均衡的社会总产量也能够保证充分就业（即没有人失业）。因此在这样的情况下，古典经济学派认为他们不再需要去研究社会总产量，而只需把它当做是一个既定的常量，经济学的任务就变成了在此常量前提下，具体商品价格的确定，生产资源的配置等等问题。相信细心的读者会发现，上述过程实际上就是一个微观经济的运行过程，如果仅从个人、厂商等等角度来评价社会经济的运行，那么古典经济学派的观点无疑是对的，但他们的失误也显而易见：社会经济的运行远不是微观层面的理论可以解释的。

尽管如此，新古典经济理论还是统治了经济学领域长达二三十年之久，直到它和资本主义的现实发生了根本矛盾。这就是我们前文所讲的世界性经济危机的出现。这个时候凯恩斯所著的《通论》可以说给深陷囹圄的资本主义世界带来了一线光明，他对经济危机和大量失业作出了合理的解释，他指出，“萨伊定律”从根本上说是不适用于经济运行的，萨伊定律认为货币只具有流通手段，即只作为流通的工具，但事实上货币还具有价值储藏的功能，并不是一个人售出了一种商品接着就会购买另一件。这些事实也说明了另一个道理：整个社会的总产量是不确定的，这取决于总需求。简单来说就是社会不能够自发生产出合适的各类产品产量，这取决于人们对于各类产品的需求。古典学派关于自由竞争的市场经济能够自发平衡供给与需求的观点在这里失效了。而根据凯恩斯所提出的另一著名论点“三大心理法则”[1]，社会的总需求实际上是存在不足的，同时也存在着大量的非自愿失业，从而为经济危机的发生提供了符合事实的解释。

由此我们可以看出，“凯恩斯革命”事实上是对“萨伊定律”以及古典学派关于自由竞争市场一系列理论的一种颠覆，简言之就是革了古典经济学的命。

2. 凯恩斯革命的贡献之二在于他对经济学研究方法的变革，开创了现代宏观经济分析，也即从总就业量、总产量等等出发进行经济分析，以区别于传统的从单个厂商、单个消费者出发研究经济运行的微观经济分析。

事实上在凯恩斯之前的经济学家许多已经采用过宏观经济分析的研究方法，比如我们前面提到的重商主义者，就是从宏观层面分析一国的经济增长，此外斯密的《国富论》也是从宏观出发考察一国财富的增长。因此严格来说凯恩斯并不是第一个运用宏观经济分析方法的经济学家，但他的贡献却在于他是第一个把宏观分析方法和微观分析方法严格区分开来的人，不像原来的经济学家，他们的总量分析事实上还是从分配理论、边际分析等微观视角出发的，并非真正意义上的宏观分析方法。而凯恩斯则不同，他的宏观经济分析方法的研究对象是各个经济总量（如总产量、总收入、总消费、总就业量等）之间的变动关系，而分析基础是总收入量。这样就将整个经济体系，包括收入、消费、储蓄、利息、就业等理论纳入了一个完整的分析体系，开创了宏观经济分析的新时代，因此他也被顺理成章地称为“宏观经济学之父”。

3. 凯恩斯革命的第三大贡献，也是和本书主题紧密相连的一点，凯恩斯主张放弃对古典经济学中“看不见的手”原理的迷信，转而提出“看得

① 三大心理法则：边际消费倾向递减规律；资本的边际效率递减规律；流动性偏好。

见的手”原理，主张通过政府干预经济活动来保持经济的健康有序运行，这对传统古典经济学主张“自由放任”的观点是一种革命性的颠覆。

在前文关于亚当·斯密的介绍中，我们提到过亚当·斯密是“看不见的手”原理的创立者，因而也可以将他看做是“自由放任”派的始祖，而后来的一些人，包括著名的学者马歇尔，以及与本书主角萨缪尔森同一时代的弗里德曼，也都是这一派的忠实拥簇者。他们深信自由竞争的市场机制在调节供需，保持经济健康运行中的神奇作用，因此主张采取自由放任的经济政策，反对政府对于经济的任何形式的干预。在凯恩斯看来，资本主义世界之所以会出现失业和经济萧条的现象，其根本原因在于社会有效需求的不足（有效需求又取决于凯恩斯所提出的“三大心理法则”，即“消费倾向”、“对资产未来收益的预期”、对货币的“流动偏好”以及货币数量），而社会的就业量就取决于这个有效需求的水平，这就不难解释资本主义世界为什么出现失业的现象了。此外，经济危机的爆发则是由于人们对未来收益缺乏信心，简言之就是不敢消费，怕消费带来的收益不能达到自己的预期，这样就更加减少了社会的有效需求，造成失业骤增。因此，在上述理论支撑下，凯恩斯提出了一系列政策主张，包括增强政府对社会经济活动的干预力度，采取一系列积极的经济政策来调控经济。这些经济政策主要包括财政政策和货币政策，也即我们常说的政府调控经济的“两只手”。

所谓财政政策就是指一国政府根据当前的经济状况，通过控制财政支出和采取特定的税收政策来调节总需求。如果一国经济过冷（也就是我们前面所说的经济萧条），政府可以通过增加财政支出，以刺激社会总需求，从而增加就业量，增加国民收入，最终拉动经济回升，这就是我们所说的“扩张性财政政策”；如果经济过热（即一国经济发展速度过快，投资、基建、房产、股市等领域持续快速发展，这容易导致高通货膨胀率，甚至经济忽然崩溃，并不一定就是好事），政府就可以采取减少财政支出等措施来压抑总需求，减少国民收入，即“紧缩性财政政策”。此外，政府怎样通过税收来控制国民经济呢？形象地比喻，税收就是从国民收入这块大蛋糕中切来的一块，它来自于国民所创造的财富，因此，政府可以通过增加税收，来减少国民收入，抑制社会的总需求。这样，政府就能根据不同的经济状况采取不同的财政政策来使一国经济平稳发展，而避免出现过冷或过热的情况。

而货币政策就是国家用来调控经济的另一种重要手段。货币政策主要由一国中央银行来实施，通过中央银行调节货币供应量，来影响利息率等等一系列金融变量，从而达到间接影响总需求的效果。和财政政策类似，货币政策也分为扩张性的和紧缩性两种，前者的作用是通过增加货币供应量从而增加社会总需求，后者则是通过相反的方式减少社会总需求。

三、经济危机的第一个救星

在凯恩斯看来，政府拉动经济应当以财政政策为主，货币政策为辅。通过采用赤字（即政府举债）的财政政策来增加社会投资，刺激消费，从而拉动经济。同时辅以一定的货币政策，比如降低利率，鼓励大家不要总想将钱存到银行去，而应当积极消费，从而缓解社会需求不足，经济停滞的现象。

可以说，凯恩斯的这些政策主张对深陷经济危机的资本主义国家都起到了久旱逢甘霖的作用。从美国的罗斯福总统开始，许多资本主义国家都采取了凯恩斯的宏观调控理论，通过增加政府支出，加强基础建设，刺激消费等等措施，使得经济形势逐渐转好，整个西方世界逐步从经济危机中走了出来，从20世纪40年代到70年代，更是迎来了经济的大繁荣。

讲到这里，读者也许会觉得凯恩斯的宏观调控理论看起来似乎是完美无缺的，似乎能够解决一切古典经济学理论所不能解决的问题，不然它如何能让陷入危机的资本主义国家这么快恢复生机?

但真实的答案是：伟大的学者凯恩斯的理论在之后的历史发展进程中也遇到了难以预料的瓶颈。不过这是后话了，因为我们接下来要讲到本书主角对凯恩斯思想的一个伟大承袭和发展。

第三章 “看不见的手”与“看得见的手”的折衷融合

第一节　萨缪尔森为何选择了凯恩斯

一、阿尔文·汉森

接下来我们要把日历重新翻回到1936年，此时萨缪尔森已经在哈佛大学学习了一年有余，并顺利取得了硕士学位。由于他在学习工作中所展示出来的无比敏捷的思维、广博的知识积淀和卓越的实干精神，他幸运地得到了当时最权威的经济学家之一阿尔文·汉森教授抛出的橄榄枝：汉森想收萨缪尔森做助手。这对初出茅庐的萨缪尔森来说无疑是天大的喜讯，这里我们不得不说说这位汉森，他对萨缪尔森研究道路的选择可谓起到了具有决定性的作用。

阿尔文·汉森（Alvin Hansen，1887～1975）是美国著名的经济学家。他出生于美国南达科他州，1915年获得美威斯康第大学博士学位，曾任明尼苏达、斯坦福、哥伦比亚等大学教授，1937年转到哈佛大学任教至1956年退休。在罗斯福“新政”时代，他曾担任政府经济顾问。用当时的标准来看，汉森可以称得上是一位正统派的经济学家，他对资本主义经济周期理论非常感兴趣并作了深入研究，后来他提出了一个非常著名的“长期停滞理论”，顾名思义，这个理论实质上指的就是资本主义经济在20世纪初将长期处于一个停滞不前的阶段，整个社会的需求不足，产品卖不出去，失业的人数居高不下，因此经济增长率越来越低。为防止这种现象的进一步发展，汉森因此提出国家应当利用一定的财税政策来控制经济的停滞，最终实现让全社会的人们充分就业和保持经济稳定增长的目标。汉森的主张主要体现在以下几个方面：

1. 他提出国家应在经济停滞期间采取“补偿性的财政政策

既然我们前面说到市场靠自身力量已经不能产生足够需求了，因此这时就需要政府的帮忙，通过政府的强势力量去弥补这些不足的需求。具体来讲就是由政府拿出钱来帮助社会扩大生产，增加就业，增加民众的收入，促使经济健康发展。但是政府的钱从哪里来呢？那就要通过政府举债的方式来筹得资金以发展经济，这就叫“财政赤字”，也即政府采取了赤字型的财政政策。

2. 提出了另一种对付经济停滞的方法：采取特定的税收政策

税收人人都理解，不就是政府从全社会生产出的财富中征收来的一部分吗？这部分财富就是政府用来维持各类国家机构的运转，调节社会分配（比如把经济发达地区的财富转移一部分给欠发达地区），维持经济的运行。因此在汉森看来，税收的作用是如此巨大，如果政府降低税率尤其是个人所得税（即对个人征收较少的税），那么人们的收入相对来说增多了，消费的积极性不就增加了吗，从而就能对提升社会需求，扩大消费，拉动经济起到积极作用。

相信细心一点的读者已经发现，汉森的这些观点正是承袭了凯恩斯主义，他个人也就成为了把凯恩斯主义从英国移植到美国的第一人，难怪他经常被人们称作“美国的凯恩斯”。

作为凯恩斯主义忠实的信徒，汉森的工作一方面是在美国乃至世界范围内大力发展凯恩斯主义，倡导通过政府的力量来拉动经济；另一方面则是以教师的身份更为广泛地传播他的思想，传播凯恩斯主义。在汉森众多的优秀学生中，萨缪尔森无疑是其中最为聪颖、成就也最大的人之一。

二、加入凯恩斯主义阵营

1953 年，一个芝加哥大学的毕业生来到了哈佛大学，这个当时还稍显鲁莽的青年就是萨缪尔森。摆在才华横溢的萨缪尔森面前的选择事实上还是很多的，当时的经济学前沿主要集中在这几个方面：凯恩斯革命、垄断或不完全竞争革命以及将数学工具运用到经济学分析中的新领域等。但萨缪尔森无疑对当时凯恩斯给经济学界所带来的那场翻天覆地的革命充满了热情甚至有些着迷，因此他毫不犹豫地接受了汉森的邀请加入了这位凯恩斯主义学者的阵营。

从 20 世纪 40 年代开始，汉森在哈佛大学经济系开了财政政策研讨班，带领学生们学习凯恩斯的《通论》。萨缪尔森后来回忆说，那时一般的课堂上讲的还是马歇尔的经济学原理，因此他们学习《通论》实在是有点和正统背道而驰，但是这些朝气蓬勃的年轻人还是兴奋地讨论着凯恩斯的观点。这批人就是美国的第一代凯恩斯主义者，后来新古典综合派的代表人物大多也是从这里出去的。这些响亮的名字包括后来获得诺奖的萨缪尔森、托宾、索洛、肯尼迪总统经济顾问委员会主席海勒，以及提出奥肯定理的奥肯等等，还有美国著名马克思主义左派经济学家斯威齐，日本著名经济学家都留重人，中国著名经济学家、北大教授陈振汉等人。汉森教授灵活新颖的讨论式教学、热情而充满智慧的教诲和渊博的学识是使这些学生后来成就斐然的重要动因之一。

接下来我们又要回到萨缪尔森，记得曾经有个记者问过他：您获得诺奖的秘诀是什么？萨缪尔森充满敬意地说道：“那是因为我有一个好老师！如果你们遇到了汉森教授这样的老师，你们就会发现一切都会很简单！”

由此可见汉森对萨缪尔森的影响是如此巨大。当然，萨缪尔森对于老师汉森以及他的凯恩斯主义思想并未盲目崇拜和追随，而是经过了一番慎重的考察和思量才最终决定信奉凯恩斯主义，并和老师汉森一起通力协作，尽力传播和发展凯恩斯主义。萨缪尔森的理由如下：

他在攻读博士学位的过程中，重新阅读了从威廉·配弟到亚当·斯密，从李嘉图到马歇尔、瓦尔拉斯、帕累托、庇古、凯恩斯等人的著作，通过纵观整个经济学思想史，得以以崭新的眼光来看待凯恩斯主义。此外，他还注意到，凯恩斯主义是从 1929 年 4 月的美国华尔街股票暴跌开始到 1933 年基本停止这一遍及资主义世界的经济危机的历史背景下产生的，可以说是拯救资本主义于水火之中的救星。任何理论也只有经过了实践的检验才能说明它的正确性，萨缪尔森无疑深谙这一道理。

“我在芝加哥大学受教于世界上最好的新古典主义经济家。我并不是轻视自己的教育，但我接受的教育在解释我身边的东西的时候没有用处。那就是大萧条。有一年，在整个的芝加哥都没有过真正的房地产销售。凯恩斯理论非常适合于所发生的事情。它是所有的工具里最合适的，所以你可以用它来解释什么将发生。”这是萨缪尔森在某次接受采访时说的话。

他认为凯恩斯的贡献不仅仅在于提出了在经济衰退时增加政府支出，要是回到了大饥荒的年代里，每一个政府都会这么做。凯恩斯给予我们的应当是一种思考问题的方式，这才是萨缪尔森认为最重要的。于是萨缪尔森坚定地加入了凯恩斯主义阵营而非别的什么学派。

坚定的凯恩斯主义者萨缪尔森诞生了。

第二节 “新古典综合”的诞生

一、分歧的产生

自1936年凯恩斯的《通论》出版后，他的一系列理论观点和政策主张对整个西方经济学界和许多资本主义国家产生了深远的影响，可谓一石激起千层浪。那些采用了凯恩斯主义政策措施的国家也确实获得了很大的利益，他们不仅慢慢从经济危机中走了出来，有些国家还逐渐迎来了经济繁荣的黄金时代。但是《通论》提出的观点真的就是万能的吗？它的体系是否还值得推敲？萨缪尔森的答案是肯定的。他认为不论是凯恩斯主义还是《通论》本身都是不尽完善的，那么不完善在哪里呢？

萨缪尔森作为一个坚定的凯恩斯主义者（至少在当时是这样），他认为《通论》并没有大的本质错误，只存在一些结构方面的问题需要完善，并且《通论》中的许多观点对一般人来说比较晦涩、难以理解，这成为了他传播凯恩斯主义的绊脚石。因此，为了更加顺利地传播凯恩斯主义，使其为更多的政府、学者和普通民众所理解、接受，并最终为西方国家的经济服务，以萨缪尔森为主的一派凯恩斯主义学者开始对《通论》进行研究、解释，并在之后对它进行了一定的注释、补充和扩展。这些工作为新古典综合派的产生奠定了基础。

二、“新古典综合”横空出世

在本书第一章里，我们已经多次提到这次著名的理论大综合。知道它是萨缪尔森天才的创造，那么他具体糅合了哪些理论？由此形成的理论价值何在？

首先大家要知道，在经济学发展史上，萨缪尔森并不是第一个使用综合工具的人，在他之前，经济学已经产生过两次比较重要的综合，分别是约翰·穆勒对生产理论和分配理论的综合，这一综合的结果是形成了他的政治经济学体系；而另一位综合者要更为著名一些，他就是继斯密之后正统经济学界的又一位领袖，同时也是新古典经济学的代表人物——马歇尔。马歇尔的综合成果体现在他著名的著作《经济学原理》中，马歇尔在需求方面纳入了边际学派的理论，而在供给方面则继续沿用斯密的古典经济学理论，从而形成了他独特的理论体系——均衡价格理论（即当产品供给和需求达到均衡时，产品产量和价格也趋于均衡）。

于是在后来，以马歇尔《经济学原理》为代表的理论就被称作新古典经济学或者微观经济学；而以凯恩斯为代表的国家干预理论则被称为宏观经济学。这两者的区别在哪儿？区别就在于前者研究的内容是单个人或单个厂商，采用的是个量分析方法；而后者研究的是全社会或国家层面的经济现象（如社会总产品、总投资、总收入等），采用的是总量分析的方法。

说到这里，大家可能觉得经济学发展得已经很完美了，有微观也有宏观，看似能够解决所有的事情了，如果我们要解决某小企业、某顾客的问题，我们套用微观经济学理论；如果要解决整个国家的问题，我们使用宏观经济学理论。但是，事情真的这么简单吗？

事实是，当时的西方经济学界并没有读者们想象得那么顺理成章，在他们眼中：这二者（微观经济学和宏观经济学）是截然不同的两种体系，是分裂的。就像两个势不两立的孩子，一直在争斗，有你没我，有我没你。这两种理论的代表学派也是长期对立的，微观那一派认为宏观就是荒谬，我们只要采用微观分析方法就可以自然而然解决整个社会的问题；宏观那派则认为微观太过于自以为是，坐井观天，守着一方小空间就以为窥见了大千世界。

可以说，微观和宏观的代表学派谁也不愿让位于谁，于是就各自为政地分别发展，没有交集。

于是这时，萨缪尔森就站出来了，他认为：用微观经济学的个量分析方法来分析单个消费者和单个厂商的行为以及由此决定的价格变化，很合理；但用宏观经济学的总量分析方法来分析一国的总消费，总收入，总投资等等，也很有道理啊。那么我们何不把这两者结合起来，形成一个完整的经济体系，用来解释微观宏观方方面面的经济现象？

很快，萨缪尔森就在他著名的教科书《经济学》第三版中，正式提出了“新古典综合”的概念，意思是我们的综合成果中既有新古典理论，但也有新颖的凯恩斯宏观调控理论，称作“新古典综合”再合适不过。从此以后，微观和宏观的分歧和对立可以停止了，并转化为共存和逐渐融合。

令人惊喜的是，萨缪尔森的这次特殊的综合行动取得了很好的效果，而原因主要来自于以下几方面：

首先，萨缪尔森提出“新古典综合”的时间是在二战之后，这个时候许多战后国家都已经进入了垄断资本主义（即帝国主义）时期，这些资本主义国家为了克服战后出现的严重经济危机，都争先恐后地按照凯恩斯的理论采取一系列国家干预经济的政策，力图使经济迅速恢复起来。而第二次科技革命就是在这个时候出现的，此时资本主义国家的景象可谓一片繁

荣：原子能、微电子和自动化等新兴学科如雨后春笋般地出现，各个行业生产规模越来越大，国家对许多重要行业的垄断程度也越来越高，垄断资本主义取得了长足发展。但是这个时候，凯恩斯的理论也不可避免地遇到了一些难题：强调宏观调控的凯恩斯主义对于一些微观方面的经济问题比如自由竞争市场上的一些问题没有解决办法，于是自然而然，反映自由市场的微观经济理论又重新回到了人们的眼球中。这些战后资本主义国家迫切需要一种既能解释宏观又能解释微观的理论，这给萨缪尔森提出新古典综合创造了最为有利的条件。

其次，那些在二战后奉行凯恩斯主义的国家，都或多或少地采用了一系列国家干预经济的政策，如采取扩张性的财政政策来增加社会需求、刺激消费、拉动经济，结果你会发现，社会上的钱变得太多了！我们知道如果社会上流通的货币超过了一定限度，就会发生货币贬值的现象（即通货膨胀），就像国民党政府在统治后期，因为财源枯竭，为了维持巨大的财政开支，大肆发行钞票，最终造成国统区的钞票迅速贬值，头一天能买一头牛的钱第二天也许只能买一棵葱了。同样的道理，这些采用凯恩斯宏观调控理论的资本主义国家也遇到了通货膨胀的难题，人们在恐慌中对于商品价格和个人收入越来越关注。显然，只专注于宏观调控而忽视微观领域的凯恩斯主义开始不能胜任人们的需求了。人们迫切需要一种兼顾宏观和微观的经济理论。因此可以说，萨缪尔森审时度势，及时洞悉了瞬息万变的经济形势，将以价格分析为中心的古典理论和以国民收入分析为中心的宏观理论结合在一起形成新古典综合论，实在是一个英明之举！

第三节 “看不见的手”与“看得见的手”的折衷融合

一、综合的源头：理论与现实的碰撞

据说，在凯恩斯的《通论》刚刚开始在西方世界流行起来的时候，曾经有一小部分学者提出过这样的问题：由于凯恩斯在《通论》中多次批评过新古典经济学的许多论点，认为古典理论中的一些基本假设，比如市场能够自己产生合适的需求，都是不符合事实的，因此不能用这些理论来解决实际问题。于是这些学者认为凯恩斯是在用自己的宏观调控理论全盘否定古典学派的理论。

但是这时凯恩斯就反驳道：我们讲古典理论的一些假设不符合现实，并不代表我们否定它，古典理论在特殊情况下还是起作用的。这种特殊情况就是：如果社会总产量达到了能使人们充分就业的产量（这种产量显然是最理想的），古典学派关于个人或单个厂商关于生产、产量决定、分配以及最终价格形成的分析就是正确的。我们换种方式来理解这句话，就是如果社会能够达到这样一种理想状态：各种商品总产量是已知的（能够使人们充分就业），不以古典学派的意志为转移，那么古典学派对于私人行为的诸多分析就是正确的。

萨缪尔森显然也受了凯恩斯这番话的影响，于是他在教科书《经济学》第二版中“每个经济社会的中心问题”一节中讲到，任何经济社会都必须解决的基本问题就是：我们生产什么（what）、怎样生产（how）以及为谁生产（for whom）。而现实告诉我们，古典理论是能够很好地解决这三个问题的，因为有一只“看不见的手”在引领每个人去做出最有利于自己的决定（正如我们在前文中分析的那个“家禽商的选择”），其结果就是顺利解决了上述三个基本问题。在萨缪尔森观点的影响下，许多经济学家也接受了这一现实：尽管凯恩斯的理论势如破竹，但古典理论在许多情况下的权威性还是不可动摇的。

于是当时的经济学界就形成了这样一种格局：纯粹的凯恩斯主义学者或完全反对凯恩斯主义的学者都很少，大多数人（90%以上）都站在了一个中立的立场上，都主张将传统古典经济学中的精华与现代的凯恩斯主义理论有机结合起来。于是在理论和现实的双重影响下，萨缪尔森关于新古典综合的提法获得了越来越多人的认可。

那么，萨缪尔森新古典综合的最终目的是什么呢？我们可以从《经济学》中找到答案。萨缪尔森说过，尽管传统的古典经济学确实有一些很明显的缺点，比如前提条件不符合现实，结构太过简单等等。但是自1932年以来，许多曾经陷入经济危机的西方国家都纷纷采取凯恩斯主义的政策措施，如财政政策和货币政策，战胜了经济衰退和大量失业。在这样的情况下，我们前文所说的古典理论起作用的特殊条件似乎就得到了满足：因为全社会的就业量已经是已知数了，我们已经找到了战胜失业的办法。

因此萨缪尔森大胆地指出，根据他的新古典综合理论，如果国家和政府能够完成宏观调控的任务，成功避免失业与通货膨胀，将社会需求和就业量维持在一个合适的、稳定的水平，那么传统的古典理论（微观理论）就会重新开始起作用。所以在他概念中的经济运行就应当是以下一种情况，如图所示：

二、具体行动：财政政策与货币政策双管齐下

现在我们已经知道了，“新古典综合”在本质上就是凯恩斯宏观调控理论和古典的微观经济理论的综合，这是理论方面的综合。而在具体政策方面，则体现在财政政策和货币政策的综合。为什么必须是这两种政策的综合？它们分别代表了什么意思呢？

在这里，为方便大家理解，我们不得不对亚当·斯密的某些观点作一次细致的阐释。斯密曾经在《国富论》里说过，政府的支出从哪里来呢？从税收中来。那么假设某个国家陷入了一次持久性的战争，政府需要的钱太多，又该怎么办呢？斯密回答说我们可以采取国家举债的方式（即赤字型财政政策）来维持政府的开支。

但这仅仅是特例，因为举债会导致政府的债务压力增大，无奈之下政府只能通过增加赋税来弥补，这一措施的结果就是老百姓面临的苛捐杂税增多了，收入减少的老百姓消费的积极性自然降低，整个社会需求减少，经济也慢慢冷下来。如果这种情况进一步发展，那么经济危机就指日可待了。

因此，除了战争这种特殊情况，古典学派的经济学家们都反对政府运用赤字型财政政策，换句话说，这些经济学家都倡导政府实行收支平衡的财政，这样一来，真正能对经济起到调节作用的就只剩下货币政策了。那么货币政策在古典学派的蓝图中是怎么起作用的呢？

古典学派认为，如果要对付全社会需求不足（即经济变冷）的情况，只需中央银行采取较为宽松的信用政策，降低贷款利率，使大家更容易贷到款，这样资金就由银行流向了社会，从而使消费者收入增加，消费积极性上升，这就扩大了社会需求，使经济逐渐热起来。反之，要对付社会需求过剩（即经济过热）的情况，那么中央银行就提高利率，采取措施减少贷款，从而减少社会上的资金，进而降低人们的收入，使得社会需求变少，经济回冷。

以上所讲的内容即是传统古典学派的政策主张，一句话总结：他们认

为要调节经济，只能采用货币政策。

但是，到了凯恩斯这里，情况就有些变化了。尽管我们前面说过，凯恩斯的政策主张里面也包含货币政策，但请不要忘记，凯恩斯只是把它作为辅助，他认为真正重要的其实应该是财政政策，财政政策调控经济的作用比货币政策要优越许多。

他为什么这么说呢，凯恩斯用他自己的一套理论进行了证明。首先他指出，由于流动偏好（指的是人们由于某些动机，比如为了回避风险，并不总是愿意把钱拿去花掉或投资，而更愿意将钱以货币或存款的形式保存下来的一种心理偏好）的存在以及借贷双方的费用成本，使得利息率不可能无休止地降低或升高，而只能处于某一范围之内。此外由于资本边际效率（此概念和前文所说的“边际产品”类似，资本也存在边际效率的变化）不尽稳定，并不是从银行流入社会的钱越多越好，因为真正决定资本效率的因素是人们对于未来状况的预期。于是由于上述两种情况，银行采取货币政策似乎并不能解决所有问题。

因此，凯恩斯得出结论，尽管货币政策，比如利息率的变化确实会对社会的生产、消费和投资的多少产生影响，但不会是根本性的影响。真正起决定性作用的还是财政政策。

这就好比两种选择摆在你面前：一种是政府直接拿钱给你花，另一种是银行降低利息率，叫你去贷款花钱。你会选择哪种呢？凯恩斯认为，人们肯定会毋庸置疑地选择第一种。因此真正能够刺激经济的还是政府采取直接的财政政策扩大政府开支以刺激经济。而银行只能是起辅助的作用。

还是一句话总结：凯恩斯认为，政府要刺激经济，应当主要采取财政政策。

现在我们又要回到萨缪尔森了，他经过一番研究指出，以上两派的政策主张并不像人们认为的那样对立，事实上它们都是正确的，而且都非常重要，他建议大家应当把它们摆到同一高度来看待。

因此在此基础上，萨缪尔森形成了新古典综合派的一些独特的政策措施，且这些措施都有着鲜明的融合性的特点。

这些措施总结起来就是实行补偿性的财政货币政策。

这个措施的源头主要来自于凯恩斯。我们知道，凯恩斯主义产生的背景就是经济危机，因此它的很多政策措施也是为解决经济危机服务的。那么经济危机是一种什么社会状况呢？正是我们前面说过的“经济过冷”，于是为了刺激经济，使其回暖，凯恩斯所倡导采取的都是一些积极的、扩张性的财政政策，通过增加政府支出，降低税收，兴修学校、公路等公共设施，刺激社会的投资和消费，最终达到使经济变热的目的。但是萨缪尔森却清醒地意识到，这些措施都是有弊端的，因为我们的经济不可能永远冷却下去，永远处在危机状态，那么当经济变热甚至变得过热的时候，又该怎么办呢？我们总不能一味地刺激经济吧？于是萨缪尔森提出应当把扩张性的财政政策和收缩性的财政政策交替起来使用。所谓收缩，就是在经济繁荣时期，减少政府各项支出，增加税收以降低消费，减少社会需求，从而抑制经济过热。以上两种情形下对财政政策的不同使用就成为补偿性财政政策。

此外，单纯使用财政政策，萨缪尔森认为也是不够的，原因在于商品市场和货币市场的情形都会影响充分就业的实现。事实上，只有当商品市场和货币市场同时均衡的时候，充分就业才能实现。因此采用补偿性的货币政策也是必不可少的手段。同样的道理，补偿性的货币政策就是在经济过冷时（或称经济萧条），由中央银行降低利息率，鼓励借贷，使资金流入社会，以刺激投资和消费，从而增加社会需求；反之，在经济过热期间，央行就相应地增加利息率，抑制借贷，减少对社会的资金供应，从而达到抑制投资和消费，降低总需求，使经济回冷的目的。

于是在20世纪50年代，美国政府将萨缪尔森新古典综合论中所提出的这些政策付诸实施后的7年间，美国的国民生产总值基本保持了2.5%的稳定增长。新古典综合派迎来了它的春天。

第四章　现代经济中市场与政府的角色

第一节“混合经济”的奇妙图景

在第一篇的各章节中，我们已经简要介绍了萨缪尔森的生平，基本的理论观点和政策主张，相信读者对于萨缪尔森经济思想的脉络已经有了一个初步了解。接下来，本书的第二个任务就是带领大家对萨缪尔森的具体经济思想做一番解读，力图去展现一个血肉丰满的萨缪尔森经济世界。尽管我们也许不能做到兼顾方方面面，把萨缪尔森的经济世界事无巨细地展现给你，但至少可以提纲挈领，让大家领略到萨缪尔森思想的精华之所在。

因此，在本章第一节，我们将对构成萨缪尔森经济世界的基石——经济学的基本问题、政府和市场在经济中的作用以及它们分别应当承担怎样的角色，做一个简要梳理。

一、经济学到底要解决什么问题

可以说，现代社会中的每个人，无时无刻不在过着经济生活，不论你愿意与否，你生活的每个细节也许都和经济有关。你上班的收入，每天的开销，小孩子的学习费用，交的养老保险，日复一日地和你打着交道。普通人都会注意到：这些日常行动似乎都和“钱”沾上了关系，那么，经济学是不是就是一门关于怎样用钱的学科呢？是不是学好了经济学我们就能发财致富？不论你是否承认，以上问题应当是大多数普通老百姓的心声。

我想每个经济学家对以上问题的回答都不一样，甚至有些经济学家会感到头疼，因为这么问的人太多了。

但是萨缪尔森是怎么回答的呢？

他说，每个人选择学习经济学都基于不同的理由，有人是为了赚钱；有人是为了不想成为一个经济文盲；还有一些人是为了在人生中每一次面临选择时，作出更好的决策。这些答案当然都很好，但是学习经济学最好的理由还是在于：我们的一生都无法回避经济学，当我们面临税收、通货膨胀、财政赤字、失业等问题的时候，如果没有学过经济学，甚至连以上名词的意义都不了解，那么我们将很难作出最好的决策甚至会吃了闷亏还不自知。换句话说，我们可能就在不知不觉之间，成为了社会的牺牲品，因为我们没有使用经济学来有效地指导自己。

所以，该不该学习经济学呢？答案是显而易见的。

接下来我们就要谈到，经济学到底能够解决什么问题。我们知道，相对于大众日益膨胀的物质和精神上的欲望来说（这种欲望在经济学中被称作“需求”），世界上的资源总是有限的，这样的状况就称作“稀缺”——因为稀有而缺少。对干旱地区的人们来说，他们需要水而没有水，那么水资源对他们来讲就是稀缺的。

因此，如何对这些稀缺资源进行最有效的分配和使用，就是经济学所要解决的中心问题。

那么我们如何行动起来，在行动过程中又会遇到什么问题？

这就是我们接下来要讲的经济组织的三个基本问题，是对经济学要解决的问题的一个细化，它告诉我们，具体到各个经济组织层面，他们应当怎样做，才能保证这种对稀缺资源的最有效的分配。

二、三个基本经济问题

事实上在前文“家禽商的选择”部分中，我们就已经间接地描述过这三个基本问题。它们就是：我们生产什么（what）、怎样生产（how）以及为谁生产（for whom）。

1. 我们生产什么

社会上的每个人或每个经济组织可能都会遇到这个问题。我们生产什么？生产多少？是生产食品还是钢材，生产牛奶还是酸奶，生产空调还是冰箱……如果我们决定牛奶和酸奶一起生产，那么它们分别应该生产多少，才能达到最好的售卖效果？这是每个和生产相关的经济组织都要考虑的问题。

2. 如何生产

如何生产是我们在决定了生产何种物品之后的第二步工作，它包含的范围也很广。首先我们要选定生产者（即由谁来生产），生产所用的材料，生产地点以及必备的技术。同样是生产衬衫，我们该用棉还是涤纶，如果两种都用该以什么样的比例配置？这些都属于“如何生产”的范畴。

3. 为谁生产

有生产能力的经济组织不是傻子，如果他们生产出的产品没人要，那就失去了生产的意义。因此生产必须建立在有需求的基础上，也就是我们必须事先知道为谁在生产。这是第一个问题。第二个问题，生产出来的这些产品或服务，应当在这些需求者之间如何分配，才能达到最佳效果？科学家、教师、企业家、工人……谁的收入应该更高？我们怎么去解决社会的贫富差距？以上问题就是“为谁生产”所关注的领域。

三、“混合经济”的图景

接下来，为了解决上述三个基本经济问题，我们就要采取一些措施了。假设我们是站在一个国家的层面上考虑问题，要对各种稀缺资源进行最合理的配置，就不得不使用一些特定的经济体制来达到目的。

那么什么是经济体制呢？

为解释这个概念，萨缪尔森首先在《经济学》里举了两种相反的例子。

假设这个社会上存在两种经济组织方式，其中一种是由政府来制定大部分有关生产和消费的经济决策，相关指令也由最高层发达，而其他所有组织和个人就只需执行这些指令而没有质疑的权利。这种经济组织方式或经济体制就叫做“指令经济”（这是萨缪尔森的提法，对此我们更为熟悉的提法应当是“计划经济”）。

第二种情况就是大部分的经济问题都由市场自发解决，具体来说就是由市场上的一系列机制，如价格、利润、刺激与奖励等等来解决三个基本经济问题。比如私人企业根据某行业的现状和已有的生产技术来决定生产多少物品以获得最大利润；个人则根据自己的收入多少来决定怎样花费，以获得最大的满意程度（这种满意程度也称为“效用”）。这种经济制度就称作“市场经济”。对于市场经济，萨缪尔森阐述了一种极端的情况，就是政府不对经济作任何干预，完全让市场自由发展。这就叫做“自由放任”的经济制度。

说到这儿，可能读者就会开始在头脑中搜索：到底哪些国家实行指令经济，哪些实行计划经济？当今美国的经济制度是市场经济吗？或许对于计划经济我们要更加熟悉一些，因为我国在很长一段历史时期里实行的似乎就是这种由政府来包办大部分生产和消费的“计划经济”。

到底答案如何呢？

萨缪尔森却认为，我们并不需要做一个单项选择题。因为当今世界大多数国家的经济制度都不属于这两种极端情况中的一种，而是这两种制度的混合，既带有市场成分，也带有计划成分，区别仅仅在于市场与计划的多少而已。

比如当今美国的经济制度，在他看来就是一种以市场经济为主的混合经济，尽管大多数经济问题都是由市场自发解决的，但是政府在许多经济活动中也扮演了重要的角色，比如对经济进行监管、发展教育、提供公共服务、保护环境等等。

纯粹的市场经济（政府没有任何干预，只充当“守夜人”角色）也许只存在于19世纪处在自由竞争资本主义时期的英国。

而纯粹的计划经济，曾在前苏联和中国持续过很长时间，而现今也许只存在于朝鲜了。

以上就是萨缪尔森所描绘的一幅制度蓝图：他将整个国家的经济划分为两个部分，公共经济和私人经济。一个国家的经济运行就是由这两部分相互作用、共同决定的，也就是混合经济。也只有这两部分共同作用，才能取得良好效果，指望某一部分能够独顶大梁的时代已经过去了。

第二节 “混合经济”中的市场承担了怎样的角色

一、市场是个什么概念

对于市场在经济活动中所承担的角色，人们的认识并不是一成不变的。古代的人们甚至不知道市场的概念。到后来随着历史的发展，许多人开始意识到市场是一个可供交换或贸易的场所，如果我们需要买卖什么东西，那么我们就到市场上去。这样理解当然是正确的，但是不够全面。我们知道像大米、小麦、服装这样的消费品我们可以通过去相应的市场面对面交易来获得，但是像股票、证券这一类物品却不是通过这样的方式获得的，而要依靠像证券交易所的交易平台这种虚拟平台。此外，随着互联网的发展，许多物品和服务我们还可以通过网络进行交易（比如大家常用的“淘宝”）。因此即使我们认为市场是一个可供交易的场所，它也不一定是现实存在的，而有可能是虚拟的。换句话说，哪里有交易，哪里就存在市场，而不论这个市场是否存在于你的面前。

以上内容是关于市场概念的一种较为通俗的解释。但由于市场还具有一些非常奇妙的特征，所以以上解释并不能真正反映市场的本质。

市场还具有哪些奇妙的特征呢？

1. 市场的杂乱无章

首先，市场看上去就像一个万花筒，杂乱无章，似乎无规律可循。现实存在的商品市场中，总是一幅人头攒动、你买我卖的杂乱景象；虚拟交易市场的情形也大同小异，你方唱罢我登场。似乎市场中的每个人或厂商都在凭感觉而行动，而并未经过任何沟通或商量。

2. 市场的规律性

其次，尽管我们看到的市场是如此杂乱，但我们总能在市场上买到自己需要的物品和劳务，而且厂商们也总是能卖出他们生产的产品（大多数情况下），我们的生活就在市场这部精良机器的带动下运转着。这看来似乎有点不可理解，但现实确实是如此。

3. 市场在价格形成中的作用

最后我们要说到价格。是什么决定了价格？前面的章节所提的那个家禽商的选择固然告诉了我们价格形成的一个方面。但我们从更高的层面来考虑，会发现什么呢？答案就是：真正决定产品或服务价格的是买者和卖者之间的协议。任何一种商品，只有处于一个买者愿买、卖者愿卖的价格上，交易才能顺利进行。但这种协议的形成又来自什么呢？来自消费者对某种商品的需求量以及此种商品在市场上的现存量。商品供不应求自然价格高，供过于求自然价格低。因此对生产者和消费者来说，价格也可以成为一种反映市场信息的信号，它可以准确告诉你市场上的一些风云变幻，哪些产品充足，哪些紧缺，指导你作出更好的决策。

通过观察市场的以上特点，我们发现，市场更准确地说应该是一种机制，一种由买者和卖者通过协议并共同决定商品或劳务价格、交易数量的机制。价格是这套机制中最为重要的一种因素，因为它最能够反映市场的状况。在市场机制的作用下，生产者和消费者每天自发地进行着他们的交易，并朝着获取最大利益的方向前进，最后我们的经济活动就会在这套机制的作用下正常运转下去。

二、何谓市场均衡

相信读者们对“均衡价格”已经不再陌生了，我们在家禽商的选择一节里曾说过，均衡的价格是由某产品在市场上的需求状况、价格以及生产，不断进入或退出这一行业的行动所共同决定的。

比如，若某产品紧缺，则价格也高，厂商们看到有利可图就加入这一行业，由于产量增多，紧缺的状况得到缓和，价格随之下降，厂商们看到钱赚得少了就选择退出这个行业。这样一来二去，最后价格就回到了一种均衡的程度，这个行业里的厂商数量不再增加也不再减少。相反的情况（产品过多）也可用类似的方法分析。

那么，市场均衡也是这样的情况吗？答案是市场均衡是由无数的均衡价格形成过程所组成的，是一个更大范围的均衡概念。因为价格作为一个重要信号，它可以协调生产者和消费者的决策，于是较高价格会减少消费者的购买，而刺激生产者的生产；反之较低价格可以增加消费者的购买，减少生产者的生产。最终市场上就会形成一种不高不低的均衡价格，这种价格意味着产品既不过剩也不短缺，并且在此价格上买者愿买卖者愿卖（供求平衡），由此市场就达到了一种均衡的状态。

三、市场如何解决三大基本经济问题

前面已经说了，市场具有这么大的本领，它可以维持我们经济活动的正常运行。而经济活动的中心就在于那三个基本问题的解决：生产什么？如何生产？为谁生产？

那市场是怎么解决这些问题的呢？

首先，关于生产什么。这是厂商需要决定的问题。因为厂商总是追求利润的，因此他们会选择投入资金去生产一些能够获得较高利润的产品，哪些产品利润高，这就是由市场上人们的需求和现有厂商的供给所决定的。在综合考虑各项因素之后，厂商开始投入生产。于是市场解决了第一个基本问题：生产什么。

其次，如何生产？厂商一旦决定生产某产品之后，就需要决定生产多少产量合适，以及选择何种生产资料和生产技术。这主要取决于厂商之间的竞争状况。为了在市场上赢得竞争，厂商会尽量降低生产成本，以使自己的产品物美价廉，这样消费者才愿意购买。如何降低生产成本？厂商会运用延长生产时间、提高生产效率、改进技术等等方法。于是自然而然，市场上厂商之间的竞争状况解决了第二个基本问题：如何生产。

最后，为谁生产。就是生产出的这些产品和服务在广大的消费者之间如何分配，更直观一点的理解就是大家分别能够获得多少收入。这就取决于消费者所拥有的生产要素的价值。生产要素指的是生产所必不可少的一些因素：如工资、利息、地租、利润等。比如你要进行生产，就必须付给工人工资，付出厂房的租金，没有了这些要素，你就无法进行生产。如果说生产者拥有的是产品，他们靠出卖产品赚钱，那消费者拥有的就是要素，他们可以靠出卖自己的劳动时间、劳动技能来赚钱（当然生产者作为个人也具备消费者的这些特征）。因此，你的收入高低就由要素市场上的供求状况决定，只有你提供的生产要素是别人需要的，你才能够获得更多收入，即分配到更多产品。

四、“混合经济”中的市场所扮演的角色

市场机制既然如此神奇，那它是不是就能解决所有问题呢？事实上不是的，市场也存在许多失灵的地方。比如公共设施建设不足，环境污染，人们受教育水平低下，收入分配差距太大，通货膨胀严重……这些就是市场无法解决的问题。

因此萨缪尔森提出这些市场无法解决的问题就必须要交由政府去解决，你市场就只需管好自己的分内事：调节价格，决定各种产品的生产和消费的决策，并在一定程度上维持市场平衡和经济秩序就行了。如果企图要靠市场来解决所有问题，那么经济运行是势必会崩溃的。

以上内容就是萨缪尔森所描述的“市场角色”。

第三节 “混合经济”中的政府承担了怎样的角色

对信奉亚当·斯密自由市场理论的人们来说，市场机制是完美的，它可以自发解决所有关于供需、平衡以及维持经济健康运行的问题。这些信奉者们于是反对政府对经济作任何形式的干预，倡导市场最大程度的自由发展。

但后来西方国家所陆续发生的事实：失业、通货膨胀、收入差距过大、环境污染等让人们慢慢意识到市场并不如这些人口中所说的那般神奇和伟大。

这个时候又恰逢凯恩斯的国家干预理论的出现，使人们更坚信了政府在调节经济活动中所起的必不可少的作用。

作为一位凯恩斯主义者，萨缪尔森当然也赞同以上说法。但不同之处在于，他并不像凯恩斯那样否定市场的作用，他认为在多数情况下，市场机制所表现出来的神奇之处还是令人惊喜的。只是，完全自由放任的市场，往往并不能带来良好结果，而适度的市场与政府的结合，才应当是最好的选择。

于是他在此基础上提出了著名的“混合经济”论。在这种制度蓝图中，只要市场和政府分别履行好自己的角色，那么经济就可以顺利、健康地运行下去。

上节中，我们已经较为全面地解读过市场在混合经济中的角色，在本节中，我们试图对政府的角色作一番解读，使读者们能够更好地理解混合经济的图景。

一、政府具有哪些经济职能

对政府的职能，我们并不是完全陌生的，作为一国公民，我们可能经常会听到这样的字眼：政府在军事、外交领域又做了某某事，政府给某某地区财政转移支付了多少钱，以及在普及教育领域政府作出了哪些贡献……是的，政府所做的这些事就是它所具有的职能的一些方面。但是政府的经济职能包罗万象，萨缪尔森主要将其总结为三条：

1. 政府通过促进竞争，控制环境污染等等外部性问题，提供公共物品等活动来提高经济运行的效率。

2. 政府通过税收和预算支出等手段，将各种财政收入进行再分配，比如把富裕地区征收来的税收分配给较贫困的地区，以此来增进社会的公平。

3. 政府通过财政政策和货币政策等手段来维持宏观经济的稳定运行和增长，并减少失业和控制通货膨胀。

接下来，我们分别从几个方面详细介绍政府的这些经济职能。

二、政府如何提高经济运行的效率

要回答这个问题首先要知道一国经济应当怎样运行才算是有效率的。在亚当·斯密眼里，只有完全竞争（所有厂商都能自由竞争，不存在任何形式的垄断）的市场环境才能提供最有效率的经济运行，任何政府干预都会降低这种效率。

因此在亚当·斯密所假设的这种完全竞争的环境下，“看不见的手”就能自发解决供需平衡的问题，并能形成各种产品的均衡价格，任何消费者和厂商都不足以影响均衡价格。其结果就是，各种资源被最有效地配置了。

但是我们知道，在许多情况下，市场的竞争并不完全。比如当存在垄断、外部性（环境污染）和公共物品的情况下，都会产生一定程度上的市场失灵。这个时候，为了避免市场失灵对经济运行效率的负面影响，政府就必须站出来承担一定的责任。

政府如何从这三个方面去承担责任呢？

1. **促进竞争**

我们知道在完全竞争环境下，任何厂商和个人都不能影响价格水平，价格是由市场机制内在决定的。因此，如果出现某些组织或机构能够影响或决定某产品的价格，那么我们就说这一行业出现了不完全竞争或垄断（垄断是不完全竞争的极端情况，指的是市场只有一家生产某产品的企业，这个企业完全控制了此产品的生产经营，别的厂商由于各种原因无法再进入这一行业）。出现这种现象的结果是，产品价格不再由供需状况自然决定了，而取决于某些个人和机构的意愿，不难想象，如果这些个人和机构胡乱规定产品价格，但由于他们具有垄断地位，消费者也无可奈何，只能接受。那自由市场的效率还存在吗？自然不存在了。

因此，政府要做的一件事就是，采取一定的手段反对这种不正当的竞争形式，对某些垄断行业加以管制（比如电力、水供应等利润极高的垄断行业），避免这些行业损伤消费者的利益，进而降低经济运行的效率。

2. **进行再分配**

再分配是政府财政收入最重要的用途之一。政府收了那么多的税，除了维持自身运转所需，最重要的莫过于将税收进行再分配，将经济发达地区的税收转移支付给欠发达地区，起到增进社会公平，凝聚人心的作用。

3. **维持经济运行**

维持经济稳定运行，减少失业和通货膨胀是政府的重要任务之一。那什么样的手段可以达到这些目的呢？答案是货币政策和财政政策。这两类政策的作用前文已经提到过，这里不再赘述。通过这两类政策的综合运用，政府就能够有效地抑制通货膨胀、减少失业，从而达到维持经济平稳运行的目的。

三、政府如何增进公平

我们知道，依靠市场的自发分配，也许并不能带来十分公平的结果。假如我们用收入来衡量社会产品分配的结果，人们就会因为受教育程度、个人素质、努力程度、家庭状况、地区差异等等诸多因素而获得不同的收入。很多时候这种收入差距甚至是巨大的（比如一个富豪的儿子和农民的儿子所获得的收入之间的差距）。这时，我们就说市场导致了分配的不公平。

但这种分配的不公平并不是由于不完全竞争或垄断造成的，而是来自于以上的一些不可控制的因素（尽管你可以控制自己的努力程度，但智力和家庭这些因素却是不可控制的），所以政府不能再采取某些像反垄断一样的措施了。

那政府怎么办呢？他不能不采取任何行动啊，因为在政治和道义上说不过去，政府始终要承担增进人们福利的责任。

因此在这样的情况下，政府就应当采取“转移支付”的手段来解决这类社会财富分配不公的问题。何谓转移支付呢？就是把政府征收来的一部分税收转移给那些包括老年人、残疾人、妇女、儿童等在内的一些需要救助的人。此外，政府也会对一些低收入群体提供一些补偿措施，比如提供医疗补贴和低价住房等等。

以上就是政府所采取的一些增进公平的措施，尽管这些措施经常会受到人们的批评（比如补助政策助长了一些人的懒惰），但是经过不断修改和完善，相信这些举措还是会卓有成效的。

四、政府如何保持经济的稳定和增长

保持经济的稳定和增长可以说是政府最重要的职能，但是纵观整个经济发展的历史，我们却发现很多时候都事与愿违。比如20世纪30年代出现的世界性的经济危机，失业、通货膨胀等现象不断侵蚀着人们关于繁荣与稳定的梦想。

一些经济学家将这种经济由繁荣到衰退再到繁荣的循环往复的过程称为“经济周期”，可以说没有任何国家能够避免这些经济周期的出现而永远停留在繁荣时期。

不过根据凯恩斯以及汉森等人的理论，我们已经知道了一些对付不同

的经济周期的办法。比如运用财政政策和货币政策来调节不同时期的经济状况（详见第三章的相关内容），在经济过热时抑制经济，过冷时刺激经济。通过财政政策和货币政策这两种最基本的宏观经济政策工具，来达到维持经济稳定和增长，控制失业率和通货膨胀率，保持物价稳定的目标。

以上内容就是萨缪尔森所倡导的“混合经济”论中市场和政府所分别应当承担的角色，在他的描绘中，市场和政府的这一奇妙组合无疑是最有效率的，超过了单独的市场或单独的政府存在时的情况。

萨缪尔森的理论达到他预想的效果了吗？从后面的章节中我们将找到答案。

第五章　　是什么决定了消费者的行为
——萨缪尔森与“显示偏好”理论

第一节 “效用”为何物

一、“效用”的来源

从本章开始，我们将要说到和消费者有关的一些话题，相信大家一定会很感兴趣。是的，因为我们每个人都属于消费者的范畴，我们要生存，必须购买食品和各种生活用品；要得到精神享受，就不得不购买各种文化产品如书籍等。以上种种行为决定了我们是消费者，消费的对象可能是实际的物品（如食品、服装、电脑等），也可能是某种服务（如洗浴、心理咨询、坐公交车等）。而我们在消费之前所做的各种决策、消费中和消费后的各种行为就被统称为“消费者行为”。要注意的一点是，消费者行为是一个完整的过程，它不仅仅指消费时的一瞬间动作。

可以说，要界定清楚谁是消费者非常简单：只要你购买了物品或服务你就是消费者；但要弄明白消费者为什么会有各种各样的消费行为却是一件很困难的事。于是对于消费者行为的研究成了经济学的一大主题。

作为一位全才型的经济学家，萨缪尔森也不例外。他的诸多研究成果中就包含属于消费者行为领域的“显示偏好”理论。不过这个理论并不是凭空提出的，它建立在长久以来经济学家们对消费者行为的许多著名研究成果之上，比如“效用论”就是他研究的一个重要基础。

什么是“效用”呢？

我想给大家举个简单的例子。假设我们去商场买衣服，在琳琅满目的服装中，我们一件件地挑选，目的是挑到那件我们觉得最满意的衣服。最后经过一番周折，我们买到了衣服。

这个时候就有个人出来问你了：你为什么要选这件呢绒外套而不是那件皮外套呢？这两件衣服都很漂亮啊！你想了想说：是挺漂亮的，但我就喜欢这件啊。这说明什么呢，说明这件衣服对你来说更具有价值，它给你带来的满意程度更高。这和你去吃早餐选择豆沙包而不选择肉包一样，因为豆沙包给你带来的满意程度更高。而“效用”指的就是消费某种商品或服务给你带来的满意程度的大小。这种满意程度既可以指物质上的（吃早餐），也可以指精神上的（愉悦感）。

我们发现，人们在消费的时候，不论做出什么选择，都一定有个前提，那就是：使自己获得的效用最高（效用最大化原则）。既然如此，我们就可以用效用这个概念来为这些选择排序。还是吃早餐的例子，假设早餐可以有豆沙包和肉包两种选择，根据习惯你一般只选择一种，通常豆沙包给你带来的效用更高，于是我们说这一效用排序就是：你偏好豆沙包超过偏好肉包。

从以上内容我们可以看出，“效用”具有以下几个特点：

首先，效用只是人们对于满意程度大小的一种描述，并无严格的客观标准，效用只取决于消费者在消费某物品或服务时的主观心理感受，它因人、因地、因时而异。比如同样的一件衣服，对不同的人来说效用可能就不一样。

其次，根据人在消费时所感受到的满足程度的不同，满足程度高的效用就高；满足程度低的效用就低。

最后，在消费时感受到的如果是高兴和愉快，则称为正效用；感到不高兴或痛苦就称为负效用。

到这里，相信大家对效用的基本概念应该有一个比较清晰的认识了。但是你接着可能就要问，提出效用这个概念对我们有什么用处呢？用处在于消费者几乎总是想使自己得到最大的效用，因此在生活中他们就不得不权衡各种利弊，以自己的收入为基础做出各种消费决策，使这些各种消费组合起来的总效用最大。而所有这些行动加起来，就构成了整个市场的消费情况，所有消费者消费的总量，就称为市场的对各种商品或劳务的需求。于是，了解了效用的原理，也就了解了消费者选择各种商品的组合过程，进而对于市场需求的构成方式也可以有深层次的了解，这对我们理解微观、宏观经济运行，理解经济危机的来源是非常有用的。从小处说，对效用论的学习至少可以时刻提醒我们做出怎样的消费决策更加有利一些。具体内容我们将在第二节中介绍。

二、萨缪尔森“幸福方程式”

萨缪尔森对于效用论发展的第一个重要贡献就是他提出了著名的“幸福方程式”（也叫“快乐方程式”），你可能不知道他的显示偏好理论，但幸福方程式这个浅显易懂而深刻有趣的概念几乎是广为人知。

什么是幸福方程式呢？

萨缪尔森说，幸福＝效用/欲望。

幸福和效用的意义我们已经阐述过，相信大家都明白了。而欲望在这里也很好理解，它指的就是消费者对于各种物品或服务的一种渴望程度。例如小孩子想买某玩具，女孩子想买某服装，男士想购买某款汽车，都称作欲望，它包括物质的也包括精神的。

根据这个等式，我们知道：分子越大，等式值越大；分母越小，等式值也越大。于是我们得出增加幸福感的办法之一：增加效用。方法之二：减少欲望。

怎样增加效用？很简单，我们多消费或者选择能给自己带来最大效用的物品去消费，那效用自然增加了。

怎样减少欲望，这倒是个不好解决的问题。因为不论是物质的还是精神的欲望对人们来说都是很具有诱惑力的，许多人辛勤工作不都为了增加收入，从而获得满足更多欲望的机会吗？但结果这个方程式就让大家很矛盾了：我产生的欲望多了，幸福缺少了。怎么回事呢？

这里不妨给大家举一个白领女性和农村妇女的例子。

说的是白领女性受教育程度高，工作薪水也高，自然她们对于生活质量的要求也水涨船高，普普通通的物品或服务已经很难满足她们的需求了，她们需要的是高品质的消费和享受。因此，能够给她们带来很大效用的商品或服务就变得很有限，在幸福方程式中的效用一栏，她们得了低分。但同时，她们的各种消费欲望又很强烈，于是欲望一栏得了高分。如此一来，幸福感更低了。

相反，我们考虑一个农村妇女的情况，她们受自身和环境条件所限，只能从事收入极低的农业生产，对她们来说，能够吃得饱穿得暖已经是很幸福的事了，哪里还顾得上那些高品质的消费。于是，一点点的消费就能给她们带来很高的效用（比如辛苦干了一个月活去镇上吃一次美味的小吃）。在方程式的效用一栏，她们得了高分，同时她们各种消费欲望也不强（受收入所限），综合起来生活的幸福感反而很强。

如果没听说过这个方程式，大家可能就会对上述例子的结果感到很困惑。因为在我们平常的想法中，自然是收入高的女白领要比收入低的农村妇女幸福啊，甚至幸福很多。但事实却让不少人惊讶不已：看似一无所有的人们生活得却比腰缠万贯的人幸福。

萨缪尔森的幸福方程式告诉我们什么呢？我想最准确的理解应该是：对生活应该保持一种积极而理性的态度，凡事要学会知足，所谓“知足常乐”，要知道并非越富有越快乐，控制自己的欲望，选择一种简单的生活方式未尝不是一种幸福。

第二节 两种效用理论

现在我们知道了，对消费者行为的研究主要就是对“效用”的研究，因此消费者行为理论也被称为效用理论。西方经济学家们对于“效用”的研究已经有很长的历史了，最早几乎可以追溯到英国的功利主义时期，那时候的人们也是将效用定义为满足、幸福、痛苦、悲哀等等各种不同的情绪。到了上世纪 50 ~ 70 年代，资本主义世界发生了“边际革命”，在这场

革命中，许多经济学家都分别独自发现了边际效用递减的规律，因此这一时期可以称作是效用论的正式奠基。由于这些学者们所研究的效用论是建立在效用可以度量的前提下，所以他们也被称为基数效用论者。这也是消费者行为研究历史上第一个比较重要的成果。后来，随着历史的发展，基数效用论逐渐暴露出越来越多明显的缺陷，经济学家们于是又提出了另一种效用理论：序数效用论。萨缪尔森本人也是序数效用论的支持者。

上段内容中提到了很多新名词：边际效用递减、基数效用、序数效用等。可以说它们对于我们深入理解效用论，进而理解消费者的行为是必不可少的知识。接下来的部分，我们先看看这几个名词到底代表了什么样的意义。

一、边际效用递减规律

我相信大多数读者即使不明白这个规律的意义，也一定听说过它的名字。因为这个规律连同产生它的那场革命实在太有名了。经济学史上共有三次大的变革，边际革命就是其中的第二次，它带来了整个西方经济学研究方法的变革。随着边际效用递减规律的发现，西方经济学界逐渐形成了以均衡价格为中心的微观经济理论体系。而他们提出的这个“边际”的概念，也几乎可以运用到经济学分析的所有变量中，可谓意义重大。

那么“边际效用”到底为何物？

我们借用一个吃煎饼的例子。可能许多北方人都有吃煎饼的爱好，那么假设到今天为止，你已经很久没享用煎饼了，对这种美食的渴望占据了你的大脑，于是你决定马上去商店里吃个饱。第一口煎饼下去，你感受到了前所未有的满足，这满足感不仅来自于味蕾，更来自于心理。你迫不及待地开始吃第二口，依然很美味，但已经不如第一口时那样令人喜不自禁了。你接着开始吃第三口，第四口……随着吃的煎饼量越来越多，你感受到的愉悦也必然是逐渐减少，直到某个时候，你吃得太饱了，煎饼对你来说好像已经没有那么美味了。如果你继续吃下去的话，可以肯定你会感到难受，煎饼对你来说可能就会变成一种负担而不再是享受。

如果我们用经济学的语言来描述以上过程，就是：

你吃第一口煎饼，效用最高；第二口，效用次之；第三口、第四口……以此类推，你感受到的效用越来越低，直到某一时刻，你吃得很饱了，煎饼的效用对你来说变为零；如果你不顾一切再吃一口的话，效用就会变成负数。

通过观察诸如此类的消费行为，经济学家们就得出了一个结论：边际效用是递减的。这个边际效用指的就是每多消费一单位某物品（比如上例中的煎饼），人们所得到的新增加的满足感。边际效用递减说的就是，随着个人消费越来越多的某种物品，他从中获得的新增的效用量是逐渐减少的。换句话说，他所获得的总效用的增加速度也是逐渐减缓的。

这个规律告诉我们一个简单的事实：对任何物品或服务的消费，都不可能给你带来永无止境的享受，即使是最昂贵、最高档的消费也会有满足感降低甚至降为负的时候。这无疑给那些无止境追求物质或各种奢侈享受的人们提了个醒：任何消费都应当适可而止，否则只会物极必反，降低你生活的幸福感。

除此之外，经济学家们对边际效用递减规律的最著名的应用应该体现在转移支付方面。马歇尔曾经指出，除了各种物品和服务，货币也应当服从边际效用递减规律，也就是随着个人拥有货币数量的增多，货币能给他带来的效用是逐渐降低的。由于富人们拥有的货币量是远远大于穷人的，所以对富人来说，货币的边际效用小于穷人。如果我们把 1 元钱从富人那里转移给穷人，那整个社会的效用总量就增加了。所以，边际效用递减规律也可以成为加大转移支付、促进社会公平的一个重要依据。

二、基数效用论

事实上，我们上面所讲的边际效用概念正是以基数效用论为基础提出来的。基数效用论作为效用研究领域的一个重要成果，在整个 19 世纪和 20 世纪初被西方经济学界所广泛使用。

所谓基数，就是可以求和加总的数，如 1、2、3 等等。而“基数效用”顾名思义就是将效用看做是能够度量的一种概念，像长度、质量等概念一样，效用的大小也可以用1、2、3……等数来表示，而效用的单位就被称作“效用单位”（或效用的英文首字母“U”）。

例如，对小李来说：

> 吃一顿炸鸡的效用为 5 个效用单位，或 5U；
> 读一本精彩的小说的效用为 10 个效用单位，或 10U；
> 看一场世界杯球赛的效用为 15 个效用单位，或 15U；
> 出席一次枯燥无味的会议效用为 -15 个效用单位，或 -15U；
> 因此，他以上活动的总效用就为：5U + 10U + 15U - 15U = 15U.

那么提出基数效用论意义何在呢？其意义在于可以用具体的数字来对效用进而对消费者的行为进行研究。我们知道诸如满足感、高兴或痛苦之类的字眼都是很主观很虚幻的，用它们来直接进行经济学研究显然不够科学，但如果能将它们量化，转化为具体的数字进行研究，那势必要方便得多。既然效用可以度量，我们就可以将生活中各种消费的效用进行一番对比或加总，并通过比较得出哪些消费的组合能够获得更大效用，从而让生活的幸福感更强。这也正是早期经济学家们提出基数效用论的理由所在。

三、序数效用论

尽管基数效用论看起来逻辑清晰，也具有一定的实践意义，但它的缺点也是很明显的：效用作为一种心理情绪是无法计量的，因此不可能找到一种合适的计量单位。基数效用论者提出的那种“效用单位”（U）也太过空泛，缺乏实用性。为了完善效用理论，经济学家希克斯又提出了一种著名的效用理论：序数效用论。该理论认为消费者选择消费某种商品，并没有具体衡量它效用的大小，而只是将它和别的商品进行了一个效用的比较和排序，这就和数学中的序数第一、第二……一样。

根据序数效用论，我们无法判断出 A 商品和 B 商品具体的效用值，但却可以比较出它们谁带来的效用更大一些。如果对某位消费者来说，消费 A 商品给他带来的效用更大，我们就说 A 效用第一、B 效用第二。

我们对序数效用论进行一个总结，它主要具有以下三个特点：

1. 效用不能够衡量大小；
2. 效用不能加总求和；
3. 效用可以根据消费者的偏好程度排出第一、第二……的顺序。

根据以上特点，序数效用论者又得出了一个概念：消费者偏好。它指的就是消费者根据自己的意愿，对所有他可能消费的商品组合进行的排序。

比如某消费者小王想购置生活用品，我们假设他只打算购置两种物品。所有可能的组合有：毛巾和牙刷、毛巾和剃须刀、剃须刀和牙刷。根据小王的个人意愿，他认为第三种组合效用最高，第二种组合次之，第一种组合效用最低。于是小王给他的三种可能的选择排了个序：第三种 > 第二种 > 第一种。这个排序我们就称之为消费者偏好。

可以说，消费者偏好的运用是非常广泛的，包括萨缪尔森在内的许多经济学家都采用了一系列图示和曲线来表明它在经济分析中的作用。但碍于篇幅，我们在本书中不再重复这些教科书的内容，只用文字简要描述，希望能给大家带来更直观的信息。

首先，从消费者偏好可以得出各种商品组合的效用大小排序，此外还能得出哪些商品组合对消费者来说效用是相等的。假设消费（1 千克鸡肉，1 千克鸭肉）和消费（1 千克牛肉，1 千克羊肉）对小张来说效用是相等的，我们就说这两种消费组合处在同一条曲线上（这条曲线被称为“无差异曲线”，即效用无差异图 1）。在这条曲线上也许还会有许许多多的商品组合，尽管商品种类可能不同，但它们带给小张的效用是相等的。

同理，我们还可以在这条曲线的上方和下方分别画出许多类似的曲线，只不过上方的曲线比这条效用要高，下方的比它要低。所有这些无差异曲线加在一起就构成了某个消费者的效用图，其中每条曲线代表一种效用，每条曲线上都可能有各种不同的消费组合。

以上内容就是无差异曲线的形成。那么如果我们假设，在这张图上还存在消费者的预算曲线（指消费者计划为消费商品花的钱），而它又恰好和无差异曲线相切的话，我们就将切点处出现的商品组合称作使消费者效用最大的商品组合，即消费者均衡（见图2）。为什么在这点上消费者的效用最大，我们可以这样简单理解：因为这个点既处在无差异曲线上，又处在预算线上，它既符合消费者的偏好，又符合消费者的预算，就好像对某种商品，消费者们“即喜欢又能买得起”。这个点当然就是使消费者效用最大的点。

于是从理论上来讲，只要了解了消费者偏好和他们的预算，我们就有可能通过一系列数学方法准确计算出消费者均衡的点，即：使消费者获得最大效用的商品组合。知道了单个消费者的均衡，我么就可以在一定程度上将这些均衡综合起来，从而得出整个社会的均衡状况。这对于增进整个社会的效用，提高人们的幸福程度可谓意义非凡。

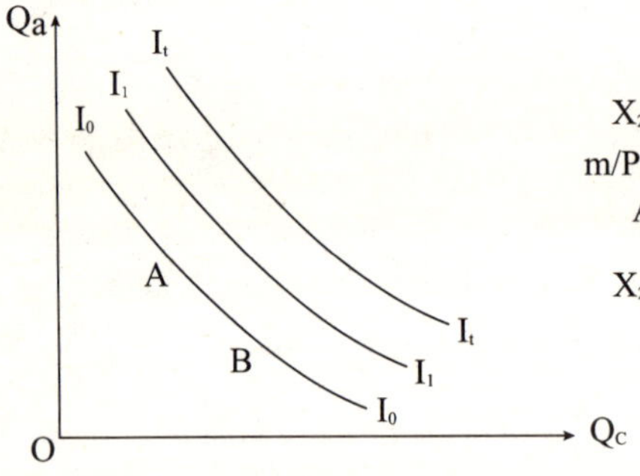

图1

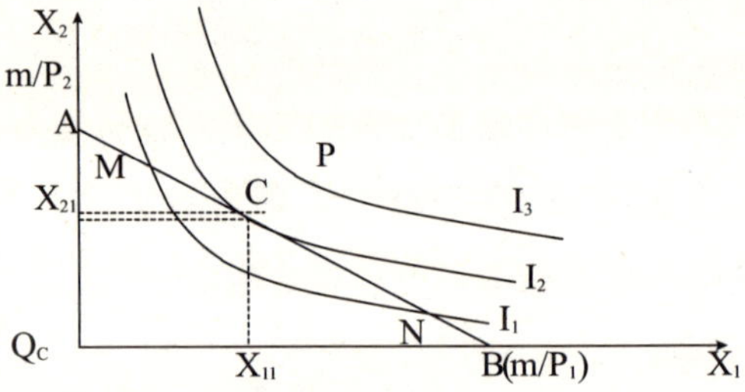

图2

第三节　萨缪尔森对效用理论的新发展：“显示偏好”理论

一、“显示偏好”的来源

在前面两节中，我们已经决定对消费者行为的最重要因素——“效用”

作了较为全面的介绍，并对效用研究领域中两个重要成果：基数效用论和序数效用论也有了简单了解。我们之所以会对效用这个话题孜孜不倦地谈论，是因为这关系到社会上的每一个消费者，关系到我们生活中时时刻刻都在发生的各种各样的购买行为。我们为什么会选择购买这件商品而不是那件？为什么会愿意排两个小时的队只为买到一张哈利波特的电影票而不愿意另买一张冷门的电影票了事？……正是这些问题的提出催生了效用研究的由来。人们之所以会选择消费这件商品而不是另一件，是因为这件商品能给他们带来更高的效用；如果消费某种商品令人感到痛苦（比如吃到了过期的食物），那么这件商品就给这个人带来了负的效用……根据效用理论，我们还可以对生活中的许多行为作出类似的解释。

可以说，对消费者行为的研究从基数效用论发展到序数效用论，已经有了很多成果，并且在实践中也收到了很好的效果，比如，我们可以运用序数效用论建立一些重要的模型来解释人们对某种商品的需求，进而指导厂商们生产合适的产量。类似的运用还有很多。

作为一个通才型的经济学家，萨缪尔森的研究领域也涉及了消费者行为。他认真考察了基数效用论和序数效用论，认为这两种理论都有可取之处。不过他本人也认为效用是不能计量的，因此他更加赞同序数效用论的观点。

除了肯定之外，萨缪尔森也对已有的理论提出了一些疑问，比如：

原来的效用理论都是从消费者对某商品的偏好和他的预算出发，来得出消费者对某商品的需求。但是这么做却存在一个很大的难题：我们怎么能够知道消费者的偏好呢？总不能对每个消费者都去询问一遍吧。于是原来的效用论者所得出的消费者偏好很多都带有猜测的成分，并不准确。原因在于：在实际生活中，人们的偏好并不能够直接观察到（这种偏好也许只存在于人们的头脑之中），但我们却可以通过观察人们的购买行为来发现他们的偏好，即通过观察人们的需求情况来发现他们的偏好。这就相当于把原来效用论者们所做的工作颠倒了过来。萨缪尔森把他提出的这个理论称为“显示偏好”理论，意为人们的各种消费行为可以显示出他们对商品的偏好程度。

具体图示如下：

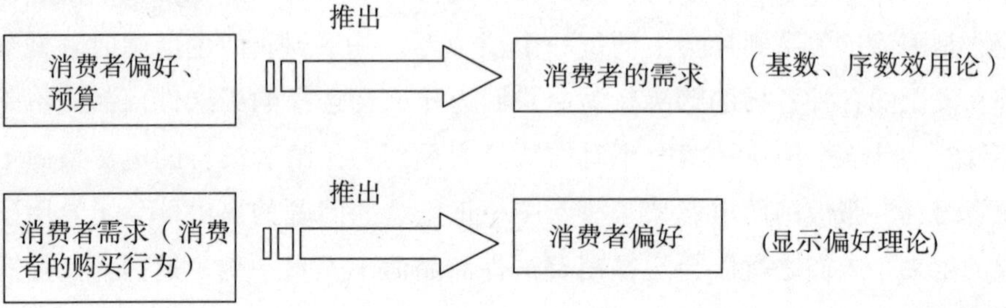

这两种方法的不同之处就在于：第一种是从偏好出发，分析在理性偏好下的人们的选择行为；第二种则是从人们的选择行为出发，分析人们的理性偏好。

萨缪尔森提出显示偏好理论有什么好处呢？好处在于可以使我们对消费者行为的研究更具有可行性。因为偏好始终是抽象的，不可见的，要通过发现偏好进而去发现消费者的需求困难很大；但反过来，消费者们的需求却是实实在在的，可见的（这可以通过观察他们购买了哪些商品来得出），因此从需求出发来推测出偏好，更具有实际意义。

举个简单的例子。假如我们准备考察某地区的笋干消费状况，好为一个生产笋干的企业提出一些可行的生产建议，其中就包括每周的计划产量。我们想了解的信息主要如下：这个地区的人们爱吃笋干吗？平均多久吃一次？对笋干的价格，他们的承受能力如何？他们认为什么价格比较合适？这个地区平均多大范围有一个笋干销售点……

根据基数或序数效用论者的观点，我们要知道每周生产多少笋干比较合适，就必须知道消费者们对于笋干的偏好，于是第一种解决方案就出来了：设计一个调查问卷，问卷上的问题就是上一段给出的那些问题，并在这个地区做最大范围的发放（或试点发放），最后回收问卷，根据消费者们的回答情况得出他们对于笋干的偏好情况，进而得出他们的需求，最后制定出合适的计划产量。

而根据萨缪尔森的“显示偏好”理论，我们却可以给出一种完全相反的解决方案。我们知道消费者的偏好是很难观察到的（用发问卷的方法去调查偏好当然可以，但也有很多缺陷，这个之后会讲到），那就不去直接调查偏好，而去调查这个地区以往的笋干销售状况，这可以通过走访各个笋干销售点来达到。得到了这个地区以往的笋干销售数据，自然而然就能得出消费者们对笋干的偏好状况，那么假设消费者们的偏好在一定的时期内不会变（这是显示偏好理论的一个基本假定），我们对未来笋干的需求量就有了一个大致的预期：它应该和原来的需求量差不多。这样我们就制定出了笋干未来一段时间的计划产量。

大家看出上面两种解决方法的区别来了吧？是的，显示偏好理论提供给我们的正是这样一种和传统的效用理论相反的问题解决之道：通过现象去发现本质，而不是根据本质推测出现象。接下来我们就要说说为何通过发问卷的方式调查偏好有缺陷。首先，这个地区范围太大，发问卷难度也很大，不可能兼顾到每个人，此外问卷的成本也是一个大难题。其次，也是最重要的一点，消费者们填在问卷上的答案就能表示他们的真实偏好吗？不一定。因为消费者在问卷上填的答案只是他们的一个设想，一种预期，甚至有可能是一种伪装，并不代表他们真的就会去购买，因此不能反映他们真实的偏好。而后一种方法就避免了这个缺陷，因为原来的销售量是实实在在的东西，不可能造假，因此也更能反映消费者们的偏好情况。

从上述例子可以看出，萨缪尔森的“显示偏好”理论尽管看似简单，却具有很强的实践意义，特别是对生产者们做出各种生产决策会起到很大的帮助。下面的一个实例就是显示偏好理论的一个更加具体的运用，希望能帮助读者们更深刻地认识这个理论。

小链接

显示偏好的运用：一个综合性网站的建设方案

假设你作为一个大型新闻综合类网站的策划人员之一，要对这个即将开发的网站做出合适的栏目设置，力图赚得最高的人气。但是现在你却遇到了难题：怎样调查网民们对于各种栏目的偏好呢？

可能大家自然而然就会想到在互联网上给大家发调查问卷，或对网民们进行选择性的电话访问、视频访问之类的，以此来得知大家的偏好，最终确定网站建设的栏目侧重点。这种思路和前文中笋干问题的第一种解决办法类似，都是试图通过直接调查消费者的偏好来调查出消费者的需求。

但是在这里，我们不妨试着运用萨缪尔森的显示偏好理论去解决问题。

不过和笋干问题不同的是，我们不可能直截了当地调查到网站以往的需求，因为这个网站还没做出来，别的类似网站的访问量我们又很难调查到，况且每家网站各自的内容、表现方式也不同，这样的调查也并不一定有参考价值。那怎么办呢？

我们可以先按一定风格做出一个几乎包含所有热门栏目的网站用做实验，如新闻、财经、文化、体育、娱乐、餐饮等等。尽量让每个栏目的内容大体相当，不出现太大的差异。然后通过一定的技术手段，在网站后台设置访问量计数器，将网友们对各个栏目的点击量分别记录下来。这样就能将这些访问量进行排序，根据各个栏目访问量的不同初步得出一个消费者的偏好情况，再根据该偏好对网站栏目设置和内容重新进行一番修改，正式推出一个栏目设置既符合消费者的喜好又独具特色的综合类网站。

这种先行尝试后正式推出的方式也是对显示偏好理论的一个很好的运用。

说了这些关于运用显示偏好的例子，相信读者们对于这个理论已经有了许多自己的认识。但现在又不得不回到我们经常讲的那句话：任何事物都有两面。萨缪尔森的显示偏好理论自然也不是十全十美、包治百病的。许多同行的经济学家们都对这个理论提出了疑问，比如：理论的假设前提不够准确，有循环论证的嫌疑等等。但不论如何，从上述的诸多例子中，我们还是看到了显示偏好的有用之处，它对我们生活中的具体决策确实能够起到一定的指导作用。此外，任何理论都不可能是完美的，但只要我们用一种包容和发展的眼光去看待，就总能受益良多。

第六章　如何增进个人与社会福利
——萨缪尔森与福利国家理论

第一节　福利国家：一个美好的图景

相信读者们即使没有听说过“福利国家”的概念，也一定对“福利”这个词有所了解。对于福利，有人认为是过年过节单位发放的礼品，有人认为是政府发给贫困人口的生活补助，还有人觉得是我们参加的医疗保险……是的，这些正是国家所采取的一些具体福利措施，这方方面面的措施政策的总和就构成了一个国家的社会福利。但是要注意，“社会福利”和“福利国家”并不是一回事，“福利国家”的概念是经过了很长一段历史时期的发展才逐步在西方国家确立的。接下来我们将从经济学的角度简要回顾“福利国家”的渊源。

一、是什么催生了福利国家的理论

我们说，任何新的提法或概念的出现，肯定是基于一定的历史条件。福利国家论也不例外。为什么要提出“福利国家”的概念？除了人们自古以来对于高福利社会的向往之外，很大一部分的原因就在于社会上的福利状况不容乐观，不公平现象十分严重。

早在19世纪中叶，英国著名经济学家穆勒就观察到了这一奇怪现象。他发现，在资本主义社会中，对于劳动产品的分配十分不公平：绝大部分分到了完全不劳动的人手里，还有一大部分分给了挂名的劳动者，然后以此类推，人们获得的报酬和他们付出的劳动呈现出一种反比的关系，即劳动得越多，报酬越少。到最后，那些承担着最劳累最繁重劳动的体力劳动者们却连维持最基本生活的报酬都拿不到。这些显著的不平等让穆勒意识到：政府必须要站出来做些事情了，否则极有可能造成这些低收入劳动者的不满和社会动荡。那政府怎么做呢？穆勒以及他后来的一些继任者提出政府可以从以下几方面去改善这种状况：首先，通过立法改变收入分配上的不平等，提高这些低收入劳动者的收入；其次，进行社会改良，通过赋税政策实行财富再分配（政府将征收到的税收转移支付给低收入者），以此保证公平。

之所以会提出以上措施，是因为这些学者认为：国家本应是人们在道义上的结合，因此它应当采取各种措施来促进文化发展、改善公共卫生、保护老弱病残、保护工人安全等等，最终达到“文化和福利的目的”。以上内容就是最早出现的关于“福利国家”的阐述。

后来我们知道，随着20世纪30年代席卷全球的经济危机的出现，失业人数大量增加，各个阶级之间的矛盾更激烈了，越来越多经济学家提出国家应当实施社会救济、社会保险以及兴建公共工程等。特别是凯恩斯《通论》的出现，更是将国家在干预经济，增加就业，增加社会福利方面的作用凸显了出来，福利国家的理论进一步被确立起来。萨缪尔森作为凯恩斯主义坚定的信奉者，他也接受了福利国家的理论，并对“福利国家”重新做了清晰的定义：福利国家是这样一种社会：在市场力量不足的情况下，由政府来保护个人应付各种特定的意外事故，保障人民有一个最低的生活水平，而不管他们的收入如何。他将这些理论逐步从英国移植到美国，并为美国社会广泛接受。其中影响最为广泛的例子就是美国政府于1964年发起的“向贫困宣战”运动，这次运动催生了一系列著名的福利立法，如《食品券法案》、“医疗保健计划”、“医疗援助计划”等。福利国家的观念也越来越深入人心。

二、福利国家：一个美好的图景

知道了“福利国家”概念的来龙去脉，现在我们就要问了：什么样的国家才算得上是“福利国家”？或者说福利国家有什么特定的标准吗？综合萨缪尔森和众多福利经济学者的观点，我们认为，符合以下几个条件的国

家方能称得上“福利国家”：

1. 该国政府用于福利的支出要占到政府总支出的较高比例，如果政府支出的大部分不是用于福利，那么这个国家就不能称作是福利国家。

2. 该国的福利政策应当包含以下一些方面：提供公共养老金、意外伤残保险、失业保险、医疗保险、食品和住房计划、家庭补贴以及对某些群体的收入补助。

3. 福利的提供可以来自许多方面：比如由政府提供，由社会、企业主或个人通过各种方式提供。但只有当政府提供的福利占大部分时，这个国家才称得上是福利国家。

于是根据以上判定标准，我们发现大多数的欧美发达国家都属于这个范畴，区别仅在于福利的程度不尽相同，例如：北欧一些国家像瑞典，有着世界上最好的福利制度，并拥有一套“从摇篮到坟墓”的庞大的社会保障体系，它的公民几乎万事不愁。这时候可能读者就会问了：我们中国难道不属于福利国家吗？我们平时享受到的福利也很多啊，像医疗保险、住房补贴、最低生活保障等等。在这里需要提醒读者的是，有福利并不等同于福利国家，我们国家的福利水平远没有达到以上标准所规定的程度。但这是由不同的国情所决定的，我国改革开放才30多年，可谓百废待兴，对我们来说经济建设是第一位的，有了经济基础才谈得上福利等等上层建筑。而欧美资本主义国家已经经历了几百年的原始资本积累，可以说有了福利的资本，因此盲目和他们比较福利程度是不合适的。在不断提升和完善公民福利方面，我们国家还有很长一段路要走，而国外的各种福利模式正好给我们提供了学习和借鉴的机会。

可以说，“福利国家”这个概念确实给大家描绘了一种美好的图景，在福利国家中，公民收入有保障，社会保障、医疗保险、失业救济等等福利一应俱全，社会民主化程度也高。那么这些福利国家具体都是怎么履行责任的呢？

1. 福利国家应当使人们的收入均等化

所谓均等化，就是将社会的劳动产品以收入的形式平均分配给大家。

因为“平等”是福利国家的一个重要标志，每个人都享有平均分配劳动产品的权利。但资本主义社会的一个严重弊病是什么呢？正是财富和收入分配的不平等：富人占有了大部分劳动产品而穷人分到的极少。因此，福利国家的政府必须采取各种政策措施来改变社会的收入分配机制，使得大家的收入趋于平等。其中最主要的措施是：对收入进行征税，并且为累进税（所谓累进税就是根据收入的多少来决定税率，收入越高税率越高），这样一来，收入越高的人所缴纳的税也越多，这样政府就可以将征收来的税转移支付给穷人，让富人变得不那么富，穷人不那么穷。这样就达到了使人们收入均等化的目的。

2. 其次，福利国家应当开展各种社会福利事业

开展社会福利事业的目的在于使人们脱离贫困。这些福利事业主要包括：提供公共养老金、意外伤残保险、失业保险、医疗保险、食品和住房计划、家庭补贴以及对某些群体的收入补助、教育文化活动等，通过建立起一套较为完善的社会福利保障制度，保障人们的最低生活水平，从而使大多数人享受到较好的物质生活。

3. 再次，福利国家应当使人们充分就业

福利国家应当采取各种政策措施，给人们创造足够的工作机会，使人们充分就业。国家可以采取的措施如下所示：在失业增加时，采取扩张性的财政政策和货币政策，通过增加政府支出、降低税收，降低利率、增加货币供给量以刺激私人投资和消费；在失业减少、出现通货膨胀时，则实行紧缩的财政政策和货币政策，减少政府开支、增加税收，同时提高利率、减少货币供给量以压缩投资和消费。通过采取这些相反的政策就能有效地避免上述情况的出现，促进经济发展，使人们充分就业。

4. 最后，福利国家应当以发展“混合经济”为基础

前面的章节我们已经讲到过发展混合经济的好处：由政府主导的公共经济和由市场主导的私人经济相互促进，共同发展。而单独的市场或单独的政府并不能达到这样的效果。而福利国家旨在给公民提供足够的福利，更是离不开市场和政府两方面的共同作用，其中政府的作用要更加明显。

只有在混合经济制度下，由政府和私人共同努力，一方面保证私人的利润，另一方面又保障社会的福利，这样才能兼顾社会的公平和效率。

第二节 收入分配不公平的根源

收入分配问题，对我们来说永远是一个热门话题，不论是欧美发达国家还是我国，一直以来都没放弃过平均收入、减少贫困的尝试，因为我们说过，公平是每一个人与生俱来的权利，任何形式的不公平都会造成人们的不满，严重的不公平甚至会造成社会动荡。因此，大部分国家都采取了一些类似的措施来增进公平，比如由政府提供公共养老金、老年人医疗保险、穷人住房补贴、失业伤残补助、住房补贴计划等等。这些措施正是我们前面所说的“福利政策”。

但不知大家注意到没有，政府出台这些福利政策并不是毫无代价的。平均收入和减少贫困的这些措施和私人经济不同，并不能直接带来经济效益。就像你把赚来的钱捐给一些需要资助的老人，尽管他们得到了帮助，但你自己的收益却减少了。对一个国家来说也是一样，福利支出很多时候仅仅是一种道义上的行动，它本身是不能带来经济收益的。那么，如果我们把一个国家的国民一年内创造的所有劳动产品比喻成一块蛋糕（经济蛋糕），福利支出就必须从这块蛋糕里分割，显而易见，我们一年的劳动成果变少了。

以上过程实际上就是一个效率与公平的权衡过程：追求效率的我们自然是希望经济这块蛋糕越做越大；但追求公平的我们又希望自己能享受到的福利越来越好。那么究竟是要经济大蛋糕还是要高福利？是要效率还是要公平？这真是一个两难的问题。但萨缪尔森认为，尽管这个问题一直以来困扰着大家，但并不代表我们就束手无策，如果我们能够冷静地分析清楚收入分配不公平的来源，以及各种福利政策的长处和短处，那对于我们正确把握公平的概念、从而促进混合经济的快速发展，还是有很多好处的。

因此，接下来我们将对收入分配不公平的根源做一个简要介绍。

一、收入分配的“金字塔”结构

本节内容讲的都是关于收入分配的，但是首先你得知道，我们的收入都来自哪里，才能对“不公平”有一个清晰的了解。可能大多数普通老百姓都认为：收入不就是工资吗？但这种理解并不完全正确。实际上我们的收入来自三个渠道：工资收入、财产收入和政府的转移支付。工资收入只是其中的一部分。而财产收入是通过自己拥有的各种动产（如有价证券、银行存款）和不动产（如房产、收藏品）所获得的收入。最后，政府的转移支付正是我们从各项福利措施中所获得的收入（如住房补贴）。

接下来我们看看这些收入在各社会阶层中的分布（以 1998 年美国家庭货币收入为例）：

假如我们把这些家庭按人均收入水平从低到高划分为五个档次，每个档次占所有家庭总数的 20%（具体划分过程略），我们会发现：那最穷的 20% 家庭的年收入少于 16116 美元，这部分家庭的收入只占美国家庭总收入的 3.6%；而最富裕的 20% 家庭的年收入已经超过 75000 美元，他们的收入占家庭总收入的 49.2%；而进一步统计，我们还会发现，那些最最富有的 5% 的家庭，他们的年收入已然超过了 132200 美元！可以说这些富人和穷人间的收入差距是触目惊心的，同样的情况也发生在世界上许多国家，不同之处仅仅在于收入差距的程度。

如果你觉得以上数字还不够直观，那我们用一个金字塔的例子来描述这种收入差距的状况。

我们将看到，在这座金字塔的顶端，是那些极少数的高收入者（占国家总人口的 5% ~10%，根据不同国家而定），他们收入的绝大部分都用来储蓄或投资了，拥有几乎占全国份额一半的私人财富。他们享受着普通老百姓可望而不可即的花园别墅、高级公寓、进口轿车等等奢侈品。

在这座金字塔的底端，是占总国家人口 10% 左右（根据不同国家数字可能有变化）的贫困人口，这些人中的绝大多数积累着债务，甚至有的人食不果腹。

最后，居于金字塔中部的是数量众多的工薪阶层（他们占了金字塔的绝大部分）。这一阶层的人们努力工作，但收入却不多，只能积攒下来收入中的一小部分。他们最值钱的财富大多只是一套住房和不多的储蓄。这些家庭中的一部分（处于金字塔腰部中线以下的那一部分），如果不辛苦工作来维持，就有可能掉入金字塔的底端，成为贫困人口。

从上述例子中我们可以清楚地看到，收入分配中的不公平程度是非常明显的（并不仅仅是美国）。那我们试想一下：如果一个社会将所有收入绝对公平地加以分配，让收入最低的 20% 人口恰好分得 20% 的总收入；让收入最高的 20% 人口也恰好分得 20% 的总收入，那我们收入分配公平的问题不就解决了吗？但事情远没有那么简单。因为导致了人们收入分配不公平的因素太多了（很多是不可控因素），并非民众或政府一句话就能解决的。那么这些导致不公平的因素都是什么呢？

二、不公平来自何处

萨缪尔森根据他的研究，将这些导致收入分配不公平的因素归纳为几个方面：

1. **财富分布不公平**

这里的财富和收入不是一个意思，举个简单例子：你可能一个月都没有一分钱收入，但却拥有一大笔财富（如房产等）。而这种财富分配的不公平就是导致收入不公平的一个重要因素。为何我们要这么说呢？你不妨设想你因为某种原因（继承、技能、运气或其他）拥有了一大笔财富，比如 50 万美元。你就能用这笔钱去投资办厂，如果你的经营水平又恰好不错的话，那你的收入绝对是顶呱呱的。退一步说，即使你不拿这笔钱去投资，直接存银行里收利息，那你每年得到的利息也不会少。相反，你看那些没有一分钱财富的人，只能靠自己的勤奋努力工作，来换得一份普普通通的工资，除去他运气极好的情况，他的收入是肯定比不上你的。

由此可见一个人所拥有的原始财富对他收入的影响有多大。但你要知道这个事实：这个世界上的大多数国家，财富分配都是极其不公平的，许多人因为各种原因掌握了社会的大部分财富，而穷人们拥有的财富却少得可怜。举个例子：近年来由于证券市场的繁荣，许多富有阶级的财富翻了好多倍，穷人却因为没钱去投资而原地踏步。

2. 国家间的不公平

在萨缪尔森看来，国家间由于经济发展水平和社会结构不同，也会导致公民收入水平的巨大差距，这个因素是显而易见的。我们看世界上的一些高福利国家（如北欧的瑞典和荷兰等），由于经济发展水平高，福利水平也高，他们的公民收入分配就相对公平，即贫富差距较小，几乎没有穷人。而一些发展中国家或不发达国家的收入分配情况却随着经济的发展呈现出一种相似的状况：工业化进程开始时，收入分配不公平加剧；工业化进程结束时，收入分配不公平得到缓解。而那些最极端的不公平现象（极度富裕和极度贫困共存）就出现在一些中等收入的国家，如巴西、委内瑞拉等。

3. 劳动报酬的不平等

很显然，劳动报酬也是导致收入不公平的原因之一。许多人因为劳动的能力和技能方面的差距、年龄的差距、地区差异、身处不同的行业、劳动时间和劳动强度等的差异，拿到了不同的劳动报酬，有的差距甚至是巨大的。比如：那些敢于冒险、富有创新精神的人收入可能就比一些平平庸庸的人要高；而一些地处偏远山区人们的收入也自然比那些繁华都市的人们的收入要低得多；那些愿意一周工作七天的工作狂自然比成天懒懒散散的人们收入要高；而一些从事高报酬职业（如医生、企业高管等）的人们自然要比一些从事普通服务行业的人们收入要高。

4. 其他因素

萨缪尔森最后还列举了一些会导致收入分配不公平的个别因素。比如由于某些职业存在的歧视情况（歧视妇女、残疾人等），也会造成人们收入的差距。

此外，一些经济学家也提出，由于技术革新、移民、国家贸易和一些特殊的市场规则等原因，也在造成越来越多的收入分配不公平，比如说技术的飞速革新就可能造就更多的富人，而一些娱乐、体育行业的人们收入会比其他行业的人高出许多倍。

尽管以上因素只是个别情况，但对于人们收入分配的不公平也会造成很大的影响。

第三节　福利国家如何反贫困

通过上节内容，我们已经知道了：收入分配不公平造成的一个直接的后果就是贫困。什么是贫困？简言之就是由于物质生活的匮乏导致的人们生活窘迫的状况。从古至今，贫困都是人类社会的大敌。从个人来看，贫困会让人们丧失享有正常生活的能力，甚至于丢失尊严，走向愚昧；从国家层面来看，贫困会成为经济发展和社会进步的大敌，而且一个国家的贫困也从另一个侧面反映了这个国家的政府没能承担起保护人民远离贫困的责任。因此，无论从哪个方面来看，贫困都是我们不愿看到的现象。

于是，反贫困成为了全球共同面临的一项艰巨任务。尤其是萨缪尔森经常倡导的福利国家，为了体现其重视民众福利的一贯观点，都纷纷采取了各种各样的反贫困政策，旨在向那些贫困的公民们提供最大限度的帮助。接下来我们将以美国为例介绍这些具体的反贫困政策（这些政策在大多数国家都具有共同点，但为体现萨缪尔森的倾向，我们选择以美国为例）。

一、反贫困的代价：漏桶实验

任何政策或措施的出台，都要付出一定的代价，正如任何硬币都有两面。因此，反贫困带来的也并不一定都是好处，很多时候都要以损失经济发展的效率为代价。为什么会出现这种情况呢？在上节内容中我们曾谈到过经济蛋糕的话题，说的是一国政府可能会在采取各种措施将富人手里的钱转移到穷人手里（转移支付）的过程中，损害国家的经济效率，进而减少这块可供分配的经济大蛋糕的分量。这就是“效率与公平”的两难问题。

那我们想要知道的是：我们到底以多少效率为代价换取公平才是最合适的呢？

在这里，奥肯提出的“漏桶实验”可以用来作为一个形象的比喻。

“漏桶实验”讲的是：假如我们很重视公平，将1美元从很富有的人的桶里拿到很贫穷的人的桶里（向富人征税转移给穷人），这种做法将得到大多数人的支持。但是设想在再分配的桶上有一个漏洞，富人们所交的税实际上只有一部分到了穷人手里，另一部分从这个漏洞里漏掉了，那么我们会发现：以公平的名义所进行的再分配是以损失经济效率为代价的。

根据奥肯实验的假定，我们发现，从富人那里征收来的每100元税收，实际上也许只能让穷人的收入增加50元左右，另外那50元就白白从漏洞里漏掉了。它是怎么漏掉的呢？

首先，政府要向富人们征税，就必须付出一定的成本，比如雇佣征税员、会计等等，这些花费就是无效率的行为，它会直接减少征收来的税。但这方面的花费并不很多。

其次，用征税的方式进行再分配，可能会损伤富人们进行储蓄和工作的热情，最终导致经济的大蛋糕变小。此外，用转移支付的方式将国民收入重新分配给穷人，也会降低穷人们工作的积极性。举个例子：一个无业人员如果通过努力可以找到一份能够勉强糊口的工作，但他就会因此失去政府提供的社会保障。这样一来，他宁愿不找工作，等着吃国家的救济。后果是他没能为经济蛋糕的创造贡献一份力量，经济的大蛋糕又变小了一些。

再次，由于社会保障和医疗保险等福利政策的存在，人们可能就不太愿意为养老和医疗保健进行储蓄。储蓄减少了，大蛋糕再次变小。

上述诸多原因，造成国家的收入不断减少，就像政府再分配的桶发生了“泄漏”一样，富人失去的多，而穷人得到的却少；

用奥肯的话来说，就是“当我们拿起刀来，试图将国民收入这块蛋糕在穷人和富人之间做平均分配时，整个蛋糕却忽然变小了”。

对于这种为了公平而损伤效率的行为，我们应当怎样对待呢？事实上，根据经济学家们所做的大量的研究来看，在再分配的过程中损失的效率是非常微小的，和大范围的贫困、不健康和生活窘迫的现象相比，这种效率损失的代价是值得的。因此，我们不能因为效率的损失就不去采取增进公平的措施。当然，随着一个国家福利程度的不断提高，它所损失的经济效率也会越来越大，像世界上一些高福利国家如荷兰、瑞典等，就出现了劳动参与率下降、失业增加和政府财政赤字扩大等等一系列问题。因此，福利国家在面对效率与公平的两难选择时，应当慎之又慎，对各项增进公平的措施必须仔细衡量其得失，尽量避免不可接受的不公平和效率损失严重现象的发生。

二、反贫困：福利国家的必然选择

可以说，任何社会都不能逃避对老、弱、病、残等弱势群体的接济和帮助。这些帮助可能来自许多方面，比如企业、个人或是一些慈善团体。但近一个世纪以来，人们越来越多地把反贫困，保障民众福利的责任交到了政府的手上。对于反贫困这样一个范围广又任重道远的事业，人们大多数时候只能指望一国的中央政府来完成。于是，在政府越来越多地承担起这些道义上的责任时，它肩上的担子也越来越重，最直接的表现就是政府用于转移支付的财政负担不断增长，甚至造成了政府财政赤字的扩大。现在，世界上大多数的福利国家都采取了一系列的福利政策来反贫困，比如：通过增税支持医疗保险、给老年人发放退休金、对贫困家庭进行补贴等。

这些政策的出台既带来了正面的效果，也不可避免地造成了一些负面影响。接下来我们以美国为例介绍一些主要的反贫困政策及其影响。

1. 收入保障计划

顾名思义，这个计划的主要目的就是保障人们的收入，特别是老年人和贫困家庭的收入。它具体是怎么实施的呢？

首先，针对老年人的收入保障计划主要通过两个项目来实施：一是社会保障计划（即联邦退休计划），二是医疗计划（对65岁以上人口的保健提供补贴）。这两个福利项目也是世界上大多数国家最大的转移支付项目，占了国家福利支出的绝大部分，而且随着国家福利程度的提高，这一花费还会不断增加。

其次，针对贫困家庭的收入保障计划是通过直接发放现金、食品券计划和一些专项的转移支付计划来完成的。

2. 劳动所得税抵免

何谓劳动所得税抵免呢？就是一种针对特定弱势群体如低收入劳动者的税收优惠和社会福利政策。这是一项既鼓励人们勤劳工作，又能补贴穷人的实实在在的福利。与传统的现金援助相比较，所得税抵免计划只补贴那些有工作的人，不补贴那些不工作的人。它的原则是“不工作的人不能从政府那里得到钞票”。

具体来说，如果一些低收入劳动者，如抚养孩子的父母，每年的勤劳所得低于一定限度，就可以向税务部门申请获得个人劳动所得税收抵免（实际上就是政府对这些家庭的一种补贴），并且抵免额会随着这些家庭收入的增加而逐渐减少。比如，一名工人一年应纳个人所得税8000元，那么在年终，他应获得的税收抵免额就为15000元（计算过程略）。那么根据个人劳动所得税收抵免制度，该工人不仅不用纳税，还能得到政府7000元的财政补贴。这进一步说明，个人劳动所得税收抵免制度实质上是政府对符合相应条件的低收入群体的一种现金转移支付，是国民收入和社会财富的一种再分配。

这项计划的优点在于：解决了政府在实施福利计划中公平与效率间的

矛盾，贫困的人们在劳动所得之外，还能得到一份额外的补助（税收抵免），使他们最终的收入明显增加，这比他们完全不工作而单纯依靠政府救济能够获得更多的收入。这样一来，就鼓励了这些贫困家庭积极地去寻找工作机会，最终使得这些反贫困政策在增进公平的同时，也减少了效率的损失。

我们再来看一下这项计划实施后的效果：实施劳动所得税抵免计划之后，美国社会福利申请的数量大幅度减少；一些有子女的单身母亲大量地参加工作；美国整体经济的繁荣和福利改革降低了贫困率，原来福利享有者的平均收入水平也得到了提高。

第七章　政府如何为经济活动保驾护航
——萨缪尔森与税收理论

第一节　政府影响经济活动的三大工具

读了亚当·斯密的《国富论》，我们了解到市场这只“看不见的手”的神奇之处，知道了在自由竞争的条件下，市场机制可以自发地解决生产和消费领域的许多问题，可以说是推动经济快速发展的巨大“发动机”；而读了凯恩斯的《通论》，我们又对政府这只“看得见的手”产生了崇敬，因为它能在许多市场没法解决的问题上有所作为：比如提供公共物品、发展教育、补贴低收入家庭等等，给经济发展起到了保驾护航的作用。因此对一国经济来讲，市场和政府这两只手是缺一不可的，它们共同构成的有机整体推动着经济这架马车不断地前进。

但是，我们应该在经济发展中运用多少市场的力量，又用多少政府的力量？市场和政府之间应当保持怎样的界限？……这些问题一直以来都充满争议。自由派的人们主张充分发挥市场的作用，他们反对任何政府干预行为，认为这是对经济效率的“损伤”；而保守派的人们又担心任经济自由发展会“刹不住车”，出现失业、通货膨胀等现象，于是他们认为政府必须干预经济，并在必要的时候帮助解决市场不能解决的问题。这些纷争直到现在也未曾间断过。

但萨缪尔森却认为，作为一个经济学家，没有必要拘泥于这些派别之争。站在一个客观的角度去认真考察市场和政府在经济中的作用才是我们应该做的事。他自己是凯恩斯主义的信奉者，相信政府在经济发展中的作用，但和凯恩斯不同的是，他也不否认市场的力量。不过，在他提出来的“混合经济”图景中，政府的力量还是明显占有优势的。为了说明这一点，萨缪尔森首先例举了政府影响经济活动的三种工具，接下来我们分别介绍。

一、三大工具如何影响经济活动

1. 对各种收入、商品销售和服务所征的税收

所谓税收，简单来说就是将私人或社会集团的一部分收入转归政府所有，并且不用向纳税人支付任何报酬或代价。为何要对这些经济活动征税？因为政府为了维持自己的运转以及为各项公共支出提供经费，必须有收入来源。而税收就是一个最直接最有效的途径。那征税的结果如何呢？私人手里的钱变少了，从而减少了他们的各项支出（如购买生活用品或外出用餐等）；同时，政府手里的钱变多了，因而可以为各项公共支出（如兴修水利、发展教育等）提供经费，维持国家的正常运转。除此之外，税收还能对各项经济活动起到调节作用，如果一国政府支持发展某项经济活动（如环保事业），那它就减少对这项活动的税收，甚至对其进行补贴，以激励人们多去从事环保。反之，如果政府不鼓励某项经济活动（如烟草行业），就可以对它多征税进行抑制。

2. 在一些公共服务领域的支出以及对某些群体提供的转移支付

我们前面说过，由于许多公共服务市场是不能自发提供的，如兴修道路、发展教育、保护环境、灾害救援等，因而只能靠政府来提供。于是政府在这些公共产品和服务领域提供的经费就形成了政府的支出。除了提供公共服务之外，政府还有一项非常重要的支出：对一些个人或群体提供的转移支付，如为老年人提供的社会保障和医疗保险，对贫困家庭提供的补贴等。以上各项政府的支出和转移支付一方面保证了公民的各项权利与利益，另一方面也能为经济发展提供服务。

3. 为规范市场经济，对某些经济活动进行的控制和干预，也称管制

由于市场自发进行的经济活动中，存在许多“失灵”的地方，如：垄断经营损伤了消费者的利益，企业生产造成了环境污染以及某些非法的经营活动对经济发展造成了阻碍。这些失灵之处市场自己无法解决，只能由政府出马，医治失灵。政府如何医治呢？它可以采取管制的手段，通过立法或出台规章制度直接禁止或减少人们从事某些经济活动，或对某些经营活动进行指导。如政府对企业污染的限制、政府的反垄断措施、对一些高危行业的限制措施等等都是政府管制的例子。

二、政府调节经济活动的目的何在

现在我们知道了，政府调节经济活动会用到三种主要工具：税收、支出和管制。有了税收，政府就相当于有了经济来源，从而能对各项公共服务进行支出，此外，政府还可以运用管制的手段规范各种经济活动。这些工具的共同运用，能够影响经济活动，而经济的发展反过来也能影响这些工具，使其在实践的检验中不断完善。

可以说，以上三种工具对于经济发展能否在一条健康而平稳的轨道上前进至关重要。现在我们想知道的是，这条健康而平稳的轨道具体有些什么特征呢？政府运用这些工具调节经济活动到底是想达到怎样的目的？

一般来讲，政府调节经济活动主要是为了达到以下几方面的目的：

1. 提高经济活动的效率

这是政府调节经济活动的第一大目标，所谓提高经济活动的效率指的就是政府帮助市场把各种经济资源按照最有效的方式配置起来，发挥最好的效果。具体来说，政府必须帮助市场解决生产什么和如何生产两大问题。在这里我们为什么一直强调政府是“帮助”市场解决问题而不是政府自己去解决呢？因为在这些资源配置的问题上，大多数还是靠市场自身来解决的，根据斯密“看不见的手”理论，只要市场符合一些假定条件，看不见的手就能发挥最优的效果，将各种资源最有效地配置起来，最终达到市场的均衡。但我们必须清楚，“看不见的手”是有局限的，局限在哪儿？正是在于这些假定条件经常得不到满足。比如说，关于完全竞争的假定，我们都知道现实的市场中存在许多垄断情况：某些特殊行业的厂商靠着自己的垄断地位将别的厂商挤出去，最后根据自己的意愿随意决定价格，大大损伤了消费者的利益，进而降低了经济的效率。这是“看不见的手”不能发挥作用的第一个原因。第二个原因在于，不受管制的市场经济可能产生许多外部性问题。所谓外部性，就是指某种经济活动给周围的人产生的影响，并且这种影响不能靠市场自发解决。举个例子，如果你开了家化工厂对周围的河流造成了污染，却没有提供任何补偿，这就对周围环境造成了负面的影响，也称作负的外部性；相反如果某种经济活动使周围的人无偿得到了利益，那么我们就说这项经济活动带来了正的外部性。政府所要解决的就是尽量消除这些负的外部性，比如对那些污染环境的企业进行罚款，或对某些高危企业进行严格管制。"看不见的手"不能发挥作用的第三个原因在于自由市场为消费者们提供的信息往往不够完全，比如某些商品的真实质量只有厂家知道，消费者被蒙在鼓里，盲目地消费了。但如果政府能够出台一些规定，要求这些商家必须公布商品的某些信息，让消费者消费得明明白白，那么不完全信息的问题就能得到解决。

2. 增进社会公平

政府影响经济活动的另一个重要目的就是增进社会的公平。因为经济自由发展将会带来许多不公平的现象，尤其体现在收入分配方面。由于人们先天或后天的各种差距（如家庭、智力、努力程度、运气等）他们会获得截然不同的收入。富人们占据了社会的大部分财富，而穷人们则可能无法维持基本的温饱。于是政府为了防止这种贫富差距的恶化，就会利用转移支付的手段将它的一部分收入用来补贴这些贫困的人们，具体措施如社会保障、医疗保险、贫困补贴等，使穷人不那么穷，富人不那么富，从而增进社会的公平，但这些增进公平的措施必须是有限度的。如果一个国家的政府为了增进公平，在福利开支方面过于巨大，就会使自己背上沉重的财政负担，反而使一国经济状况趋于恶化。

3. 维持经济的稳定

让一国经济平稳发展，不要出现大的波动，是政府影响经济活动又一重要目的。为什么说要让经济稳定发展？这就像我们不希望自己的生活和工作出现太大波动一样，经济一旦出现波动甚至是严重波动其结果将是不可想象的，相信大家应该还记得之前我们提到过的那场世界范围内的经济危机（从 1929 年到 1933 年），这次危机造成了大规模的失业和严重的通货

膨胀，各国的经济几乎遭受了毁灭性的打击，以致许多当时经历过危机的人们在多年后回想起来还心有余悸。这次严重的教训也让各国政府意识到，运用各种经济政策（财政政策和货币政策）来维持经济的稳定是必不可少的。尽管我们不能避免一国经济由盛到衰，由衰到盛的周期性变化的出现，却可以采取相应的措施来减轻一些严重的后果。具体这些政策应当如何运用，我们将在后面的章节详细阐述。

第二节　政府支出能够发挥怎样的作用

如果一国政府想要对经济活动有所影响，以避免市场在许多方面的失灵，它可以运用三种基本工具来完成这个目标：税收、支出和管制。而税收和支出又是基本中的基本。为什么我们可以这么说？你可以把政府想象成一个普通人，这个人要生存发展，一是必须有收入来源，没了收入，一切都是空谈；二是他必须拿这些收入去消费以满足生存和发展的基本需要。作为一国经济管理者的政府，也与普通人有类似之处。政府要为社会提供大量的公共服务，又要为人们提供各种福利，还要监督和稳定经济……可以说政府的职责无处不在，它肩负着我们太多的期冀。而要完成这些五花八门的任务，政府就必须花钱，而且要花许多钱，具体多少，也许是我们难以想象的。政府的钱从哪里来？从税收中来。通过向个人和企业征税，政府就有了收入来源，从而有了完成以上任务的资本。然而，由于政府所承担的这些责任的重大，它所征得税收的数目也是巨大的。这时候许多老百姓可能就开始抱怨了：政府收了这么多的税都用到什么地方去了啊？好像我们普通民众并未从中得到什么直接的好处啊。如果你是一个勤勤恳恳的企业家，你的抱怨可能会更大，因为你看到的，是政府从你这里征收了大量的税收，却没看到政府直接在你身上花过什么钱。因此，我们总是有各种各样的理由反对政府收那么多税。

相信不止一个普通老百姓有过类似的抱怨。为什么会出现这种情况？

归根到底，还是我们对政府在哪些领域承担了哪些责任，政府的税收都花在了哪里了解得不够完全。对一国政府来说，只有通过适当的支出才能完成国民经济的各项任务，而这些支出又依赖于税收。可以说，税收和支出是两种相互依存的经济工具。我们不能因为某项支出没有直接作用到自己身上，就否定它的价值，就反对分派到自己头上的税收。

用萨缪尔森的话来讲，真正能体现政府作用的，正是在于它的支出。只有搞清楚政府把税收花在了哪里，这些花费带来了什么效果，我们才能对政府的作用有所评价。

一、各级政府支出的领域

一般我们在讲到政府的时候，都理所当然地把它当做一个整体。但事实上，政府是有级别的，不同级别的政府承担了不同领域的支出任务。以美国为例，共存在三个级别的政府：联邦政府、州政府和地方政府。这三个级别政府的存在是以美国的联邦制度为基础的。而在我国，只存在两个级别的政府：中央政府和地方政府。尽管不同国家由于政治制度的不同，在政府分级方面也有所不同，但不同级别的政府在支出领域还是有共同点的，这个接下来我们会看到。

我们以美国的三级政府为例，来说明不同级别政府在不同领域的支出情况。

1. 联邦政府的支出

联邦政府是美国级别最高的政府（相当于我国的中央政府），在各级政府支出中，它占据着主导地位。换句话说，全国大部分支出，都是由联邦政府来完成的。它所负责的主要是一些全国性项目的支出，如：为国防和外交事务提供经费；提供全国性的社会保障和医疗保险；为发展科学技术

划拨专门的款项等等。这些项目都有着一个共同点：全社会的公民都能从中受益。举个例子，维持军队的庞大开支来自联邦政府，但战争来临时，军队保护的也是整个国家而非某些群体；再比如医疗卫生经费，也大多来自联邦政府，而对某些疾病的预防服务也是全社会每个成员都能享受到的。

2. 州政府和地方政府的支出

美国的州和地方政府主要负责的是州一级和地方一级的事务，它们的支出也一般限定在本州或本地区。州政府主要负责公路的修建，对大学教育系统进行管理，管理治安和卫生，同时也会对本州的中小企业进行大力的扶持和推动。这样就会带来一种结果：那些政府对企业推动程度高的州，他们的企业发展程度一般都比较好，如加利福尼亚州、马里兰州等等，而政府推动力不强的州，他们的企业发展也一般。从这里也可以看出，州政府对经济发展特别是中小企业发展的影响程度之大。美国的最后一级政府是地方政府，地方政府一般只负责本地区的儿童教育、治安管理和城市卫生等。总的来看，美国的州政府和地方政府支出最大的项目在教育，因为大多数儿童上的还是由政府资助的公立学校。此外，这两级政府在医疗保健、监狱费用等方面的支出也比较大。它们的支出受益者一般也仅仅是本地区的居民。

二、政府支出发挥了哪些作用

政府收了税，手里有了钱，就能够为国民经济做点事情了，政府做了哪些事情？从前面介绍的美国政府的支出领域，我们就能窥见一二。政府这些支出达到目的了吗？它到底发挥了什么作用？要回答上述问题，我们首先有必要对政府的支出做个分类。根据政府支出领域的不同，我们可以将政府的支出分作两大类：购买性支出和转移性支出。

1. 购买性支出

所谓购买性支出就是指政府以购买者的身份在市场上采购必须的商品和劳务，以满足社会的公共需求。政府购买大致包括两类：从居民那里购买劳务，从企业那里购买商品。然后政府用所购买的这些商品和雇用的劳务，来生产各种各样的公共物品（如教育、国防、治安和道路建设等）。这种支出的特点在于它能够直接影响社会的生产和消费，因此可以用于调节经济活动。举个例子，如果一国经济出现了波动，失业开始增加，为了稳定经济，政府就可以通过购买性支出来发展生产，通过主动创造就业机会，减少失业的情况。下面就是一个政府购买性支出的实例：

小链接

美国政府购买刺激市国猪肉价格回升

2002 年 4 月份的时候，美国的养猪户普遍反映，现在市场上猪肉价格下降非常厉害，他们要求政府在实施由联邦政府资助的“学校午餐项目”时，能够购买更多的热狗、肉饼以及其它猪肉食品，以帮助提升低迷的猪肉价格。

美国全国猪肉生产者理事会（nppc）和美国农业部长经过会谈，决定实施国内和国际的“食品计划”，目的是促使美国政府在此过程中购买更多的猪肉产品，以此帮助提升猪肉价格。这种情况的出现并非第一次，美国农业部每年要花费巨额资金用以采购牛奶、牛肉、蔬菜、水果以及其它食品供应给许许多多的贫困家庭。

nppc 主席说，“我们强调要采取迅速果断的行动来刺激猪肉价格的回升。”

自从 1998 年因供应过剩导致生猪价格跌到过去 50 年来的最低点——每英担 8 美元以来，现在是美国养猪户们面临的又一生猪价格历史低点之一。本周五，中西部生猪现货市场的交易价格为每英担 27 至 28 美元，比起一个月前的每英担 39 美元和一年前的每英担 45 美元下跌幅度相当大。大多数美国养猪户的保本价在每英担 35 美元以上。（注：一英担 =50 公斤）

生猪市场价格出人意料的下跌主要归罪于俄罗斯对美国禽肉实施的为期 1 个多月的进口禁令，这造成了美国大量猪肉无法出口，只能流入美国国内超市，这就加剧了整个肉食市场的竞争。

nppc 主席称，他们已经成立了一个特别小组，负责制定一个长期策略，来推进猪肉产业的发展。

上述就是一个很常见的因市场需求不足导致产品价格下降，然后政府通过购买性支出来使价格回升的例子。我们原来讲过，产品均衡价格是由千千万万个商家和顾客共同作用的结果，某些个人或企业是无力改变市场价格的。但政府却有这个能力，为什么？因为政府手中有巨额的税收，它可以通过有计划的购买行为来改变市场价格。政府的巨大购买力使他看起来就像一个财大气粗的顾客，这样的超级顾客当然有能力改变市场行情。尤其当我们的市场出现了一些不灵的状况（如上例中的猪肉价格低迷），有政府这个超级顾客存在显然是很有好处的。

资料来源：摘自中华商务网讯 2002－4－17

2. 转移性支出

转移性支出是政府支出的另一种类型，它和我们前面多次提到过的“转移支付”是一回事。转移支付是这样一种过程：政府直接将手中的钱（税收）无偿提供给居民、各企事业单位及其他组织。转移性支出有个很鲜明的特点：它是政府单方面的、无偿的资金支付，政府不能从中获得任何商品和劳务。这点恰好和购买性支出相反，因为我们说过，购买性支出是可以为政府换取各种资源的。既然如此，转移性支出自然不能带来任何经济利益，相反，还有可能对经济效率造成损伤。但这种损伤是否值得？我们不妨先来看看政府转移性支出的领域。

转移性支出主要包括以下一些方面：①支付各种政府债务利息。假设你买了政府发行的国债，到期之后政府就会付给你一定的利息，政府的这种支出就属于债务利息。通过这一转移支付，国民收入的一部分流向债权人，使他们得到了好处。②对国外政府的捐赠和缴纳给各国际组织的费用。很显然，这是一种“对外”的转移支付，数额不会太多，对国内居民的收入分配影响也不大。③对本国居民提供的各种补贴。主要包括社会保障支出、对贫困家庭的补贴等。这实际上是一种“再分配”的手段，政府从高收入企业和个人那里取得资金分配给低收入的居民。通过这样一个“课税—补贴”的过程，能够使居民的收入差距缩小，保证低收入居民的基本生活水平。④对企业的补贴。主要有投资补贴、限价补贴和亏损补贴。这一转移支付能够刺激企业生产，并保护关系国计民生的关键性企业。

总的来说，政府转移性支出的目的还是在于对低收入群体的一种“再分配”，能够起到履行政府职责、促进公平、维持社会稳定的作用。尽管这是一种无偿支出，会对经济效率有所损害，但对社会的健康发展来说是必不可少的、不得不付出的代价。正如许多经济学家所说，“公平不得不以效率为代价”。

以上内容，就是我们所讲的政府支出的两种类型，那么政府应如何在这两类支出中分配资金？这并没有一个定数，应当根据国家的具体情况来看。萨缪尔森认为如果一个国家工业化程度低，基础设施建设落后，那么政府也可以通过购买性支出来大力发展工业，提升社会的工业化水平。所以我们可以看到，一般发达国家工业化程度已经很高了，它的购买性支出就比较少；而处在工业化过程中的发展中国家，购买性支出相对来讲就要多一些。

第八章　贸易真的会使全社会的状况变好吗？
——萨缪尔森与国贸理论

第一节　为什么我们需要国际贸易

我们在日常生活中，每天都会接触到各种各样的贸易行为，小到菜市场上的讨价还价，大到国与国之间的大宗商品交易……这些贸易行为和我们的生活息息相关，以至于我们可能因为太过熟悉而忽视了与贸易有关的一些更本质、更有趣的问题。比如：我们为什么会选择去市场上购买某些物品而不是自己生产？同样品牌的汽车为何在国外卖得那么便宜在国内却那么昂贵？为什么会存在那么多的对外贸易，我们自给自足不行吗？……这些林林总总关于贸易的问题我们还可以提出很多，但要回答它们，就不得不先从一个基本问题谈起：我们为什么需要贸易？

古希腊的大思想家柏拉图认为，一个国家中应当有专门从事各种行业的人。例如必须有人来充当农民、商人、医生等等。做农民的人应当为人们提供农产品，商人应当为人们提供商品，而医生应当为大家提供医疗服务。从事各个行业的人们都有着严格的专业分工，不能随意混淆，正如你不能让一个农民去提供医疗服务。此外，每一个人应该从事哪种行业担任何种职务，都取决于个人的秉性，这是由先天决定的。柏拉图的这些观点说明了什么？说明这个社会需要分工。分工的好处在于每种服务都有特定的人在提供，每种商品都有专人在卖，我们不用像原始人类那样自给自足了。归根到底，人类的能力和精力都是有限的，你只能选择一个或几个你擅长的行业去耕耘。

如果我们把这种分工思想应用到商业经济中，就不难理解为何人们之间需要贸易了。在现代社会中，随着人们需求的增加，商品和服务也随之极大地丰富起来。商品数量的增多自然伴随着专业化程度的提高，个人能够生产和供应的商品种类总是有限的。为了满足多方面的需求，人们只能选择交易。那种自给自足的思想在现在听起来可能只是天方夜谭了。

此外，由于贸易问题涉及范围的广大以及和我们的生活、一国经济的发展息息相关，历来都是经济学家们关注的焦点。

从亚当·斯密到大卫·李嘉图，再到赫克歇尔、俄林以及本书主角萨缪尔森，许许多多的经济学家都对自由贸易理论及其发展作出了重要贡献。萨缪尔森更是得出结论：从历史的角度看，经济理论的发展大部分要归功于国际贸易的发展。这无疑将贸易问题的重要性提升到了一个新的高度。

国际贸易的特殊之处

国际贸易和国内贸易一样，都是交易双方为了各自的目的交换商品和劳务，只不过交易的个体变成了国家。国内贸易我们相对要熟悉一些，因为这是时时刻刻发生在我们周围的。而国际贸易，除了一些做外贸的朋友，可能大家的切身经历并不会很多。那这两者之间，除了交易对象不同，还有别的区别吗？答案是，区别太大了。

结合萨缪尔森和诸多经济学家的观点，我们认为国内贸易和国际贸易的不同之处主要体现在以下几方面。

1. 和国内贸易相比，国际贸易意味着扩大了的贸易机会

这可能是国际贸易给一个国家或地区带来的最大好处了。我们知道，各个国家由于不同的地理位置、气候条件、自然资源等等，导致了不同的产品生产格局，这个时候国际贸易就成为了必然。正如许多国家从中东获得石油、美国从国外进口水果……自身资源的局限我们都依靠国际贸易很好地解决了。很难想象没有国贸的世界将何去何从。从下面的链接中，我们可以很容易看出这种扩大了的贸易机会给一个国家带来的巨大好处。

小链接

弹丸小国日本的资源之殇

日本是这样一个岛国：国土面积狭小，资源严重匮乏，国内生产生活所用的各种原料都需要从别国进口，否则很难维持自身的发展。

据日本官方网站发布，日本的资源状况如下：日本矿产资源极端贫乏，现代大工业生产所需主要原料、燃料，绝大部分依赖进口。日本原材料和能源的对外依赖度为84%，其中铝100%、镍100%、磷100%、石油99.7%、天然气94.5%、铁矿石99.6%、铝矾土100%、煤85.1%、铅84.9%、锌66.9%。日本是世界上第一资源能源进口大国。日本的森林资源人均占有率高，覆盖率高，但总量却非常缺乏。森林面积1987年为2526万公顷，约占全国总面积的66.8%，是世界上森林覆盖率最高的国家之一。木材蓄积量达27亿立方米。日本粮食不能自给，因而主要以水产品为主食。日本水产资源很丰富，渔业和水产养殖业十分发达。日本近海渔场是世界著名大渔场，鱼的种类多达700余种，其中主要为沙丁鱼、鳕鱼、青花鱼、霸鱼、马哈鱼等。

这种状况极其不利于日本的战略防备，更不用说进攻了，粮食、石油等是关系一个国家战略独立自主地位的重要战略资源，如果这种资源不能够自给自足的话，一旦国际局势突变，别国切断其资源进口渠道，这个国家将会很快因资源不足而垮掉。而日本就属于这种类型。这就决定了日本不可能来进行大规模的长时间的对外战争，它的战争缺乏长期的不断的物质资源做保证，尤其是珍珠港事件后美国等方面停止了对其包括石油等战略物资方面的支援加速了日本的崩溃。

（资料摘自日本国官方网站）

2. 国际贸易会涉及诸如主权、关税、贸易壁垒、贸易保护主义等等一系列问题

国际贸易和国内贸易最大的不同在于，国际贸易涉及的都是具有独立主权的国家，不同国家的贸易参与者们拥有不同的文化背景、语言习惯和风俗习惯，并且这些国家的经济政策和规章制度也不尽相同，这个因素大大增加了国际贸易的难度。例如，许多国家为了保护本国某些弱势行业的发展，会采取一系列手段抵制国际贸易，最常用的手段就是设置关税和限额等，让那些具有优势的国外商家进不来。这类手段被称作贸易保护主义，在国际贸易中非常常见。

3. 国际贸易必须考虑汇率问题

汇率说的是不同货币之间的相对价格。尽管我们可以用货币充当交换的媒介，但不同国家使用的货币不同，这给国际贸易造成了一定的障碍。为了让贸易顺利进行，我们不得不考虑怎样在不同货币间进行交换。例如美国人使用美元，我们使用人民币，我们和美国人进行国际贸易就必须考虑1元钱人民币能兑换成多少美元，反之亦然。那么，一美元换算的人民币价格就被称作两国货币之间的汇率。在这样的背景下，国际金融体系就必须确保各个国家的不同货币之间能够顺畅地流通，否则国际贸易就不能进行。

4. 国际贸易背后的经济因素

通过上面的介绍，读者们应该已经了解到，进行国际贸易的原因无非就是各国所拥有的状况不同罢了，资源多的国家生产的产品，卖给资源稀缺的国家，这样国际贸易就产生了。就如上面的案例所说，日本这样一个弹丸小国，各种资源非常稀缺，但在二战之后，其经济竟能奇迹般地迅速发展起来，很大程度上要归功于国际贸易。

但是，仅仅靠这一点来解释国际贸易产生的原因还是有些片面的。

比如，美国作为一个经济和政治强国，其领土也非常广阔，物产和资源与我们相比可谓不相伯仲。但问题在于，我们的后备资源、资源质量以及开采技术，和美国相比还有很大差距。第一，我国技术落后，污染大，消耗大，浪费大；第二，我国资源质量不乐观，多贫矿、伴生矿；第三，在政治因素方面，拿重要的战略资源石油来说，美国已经控制中东，而我们却储备不足；第四，人口，这是显而易见的，我国人口众多，人均资源很少，美国人均资源相对丰富。

可是，相关资料却显示，美国从1970年开始出现贸易逆差（贸易逆差即进口大于出口），然后逐渐增加，一直到现在，中间没有一年是顺差的。资源这么富裕的国家，为什么长期以来保持贸易逆差呢？同时，为什么美国经济还日益强大呢？我想这时您会发现，原来国际贸易并不是那么简单。

国际贸易背后到底有什么神秘的经济因素？萨缪尔森在他的《经济学》中给了我们参考答案：生产条件的多样性；各国偏好不同；生产成本随规模递减。基于以上三种原因，各国都发现参与国际贸易是有利可图的。

5. 生产条件的多样性

世界各国由于地区分布不同，各国拥有的资源总和是多种多样的。比如，伊拉克等中东国家拥有丰富的石油资源，中国的人口资源极为丰富，岛国日本的港口和海运相对发达，美国的农业资源……。

6. 偏好不同

这是贸易产生的重要原因，比如中国人喜欢吃米饭，美国人喜欢吃热狗；中国人喜欢用筷子，美国人喜欢用勺子。而中国人口众多，没有那么多大米，这时就需要从外国进口，而美国农业相对发达，农业技术先进，能生产出满足本国居民的大米，此时，中国和美国就产生了国际贸易。

7. 生产成本随规模递减

这将导致不同地区的成本差异，也是进行贸易的重要原因。

何为规模经济？就是指在生产能力不变情况下，随着生产批量的增加，单位产品的成本会逐渐减少。这一点对从事生产的人来说并不陌生。一个纺织厂，假设它的一套纺织机器每小时最大能纺织出100米布，厂家不会让它只生产50米布。因为机器是会随着时间的推移和折旧而贬值的，因此，厂家会尽可能地充分使用机器，充分利用它的产能。这就是我们常说的产能利用率。在不考虑其他因素的条件下，产能利用率当然是越高越好。

每小时生产出的产品越多，单位产品的成本就越低，即生产成本随规模递减。尤其是需要大量研发经费的产业，规模大是一项重要的优势。只有足够的规模和产能利用率，才能弥补巨大的经费投入，甚至产生效益。

这也解释了为什么许多基础建设项目需要国家投入大量资金，保持巨大的规模，才能维持正常运转。

这样一来，前例所说的美国贸易逆差，就很好解释了：美国在许多产业领域，实际上并不具备规模优势，比如那些劳动密集型产业，而一些发展中国家恰好能提供大量而廉价的劳动力。为了降低成本，美国选择了在这些产业中大量进口，由此导致了一直以来的贸易逆差。

小链接

行业内贸易实例：1964年北美汽车贸易协定

20世纪60年代后半期，美国和加拿大之间汽车贸易的发展是一个特别明显的行业内贸易的例子，它展现了规模经济在促进国际贸易提高双方利益中的作用。

1965年以前，加拿大和美国的关税保护使加拿大成为一个汽车基本自给自足的国家，进口不多出口也很少。加拿大的汽车工业被美国汽车工业的几个大厂商所控制，这些厂商发现，在加拿大大量建立分散的生产体系比支付关税更划算。因此，加拿大的汽车工业实质上是美国汽车工业的缩版，大约为其规模的1/10。

但是，这些美国厂商在加拿大的子公司也发现小规模带来的种种不利。由于规模小，加拿大的工厂不得不生产各种不同的产品，这样就要使用各种不同的设备，从而降低了效率。当时加拿大汽车工业的劳动生产率比美国的要低大约30%。

为了消除这些问题，美国和加拿大政府通过努力在1964年同意建立一个自由贸易区（附有一些限制条件）。这一举措使汽车厂商得以重组生产：这些厂商在加拿大的子公司大力削减其产品种类。例如，通用汽车削减了其在加拿大生产的汽车型号的一半。但是，加拿大的总体生产及就业水平并没改变。加拿大一方面从美国进口自己不再生产的汽车型号，另一方面向美国出口自己仍生产的型号。在自由贸易前的1962年，加拿大出口了价

值1600万美元的汽车产品然而却进口了5.19亿美元的汽车产品，但是到1968年，这两个数字已分别成为24亿美元和29亿美元。加拿大的汽车进口和出口均大幅增长。

贸易所得是惊人的。到20世纪70年代初，加拿大汽车工业的生产效率已可与美国的同行相媲美。

（资料摘自《国际经济学》案例）

第二节　自由贸易：无稽之谈？

贸易之理论基石——比较优势理论

众所周知，各国应该生产和出口自己具有独特优势的产品，才能获得最大的利益。其实，这个常识背后有一个更深刻且能适合所有贸易（包括在家庭间贸易、国家间贸易）的基本原理，即比较优势原理。

比较优势理论的基础是国际分工，从国际贸易发展看，在国际分工发展快的时期，国际贸易发展也快，相反，在国际分工缓慢发展的时期，国际贸易也发展较慢或处于停滞状态。因此，国际分工是当代国际贸易发展的主要动力。

在比较优势之前，亚当·斯密早已在他的《国富论》中提出了绝对优势理论，奠定了自由贸易政策的理论基础。他认为，分工可以提高劳动生产率。原因是：分工能提高劳动的熟练程度；分工使每个人专门从事某项作业，节省与生产没有直接关系的时间；分工有利于发明创造和改进生产工具。该理论还指出，自由贸易会引起国际分工，国际分工的基础是有利的自然资源或后天的有利生产条件。它们都可以使一国在生产上和对外贸易方面处于比其他国家更加有利的地位。如果各国都按照各自有利的生产条件进行分工和交换，将会使各国的资源、劳动力和资本得到最有效的利用，大大提高劳动生产率并增加物质财富。

绝对优势理论告诉我们，各国应该集中生产并出口那些在劳动生产率和生产成本方面有绝对优势的产品，进口其不具有绝对优势的产品，其结果比自己生产所有产品更有利。

说起来，中国和日本两国经济贸易已久。以两个国家的电子产品和服装产品生产为例，日本的电子产业发达，服装产业落后；而中国正好相反。这样，日本和中国在这两种不同的产业上就具备了不同的绝对优势，从而产生了贸易的条件。因此根据绝对优势理论，中国应当大量生产服装类产品，出口给日本；日本应当生产电子产品，出口给中国。通过贸易，两个国家都能从中受益。

但是这就出现了一个问题：如果一个国家在每一种商品的生产上都比其他国家有绝对优势，岂不是该国就得生产所有的商品，并出口给他国？而其他具有绝对劣势的国家是不是什么都不生产，全靠进口？这当然是不行的。这就暴露了绝对优势理论的缺陷，因为它不能解释富国与富国之间的贸易，穷国与穷国之间的贸易。因此，比较优势理论便应运而生。

先看一个例子，美国在很多方面都领先于其他国家，但奇怪的是他很多产品都不自己生产，反而主要依靠进口，并长期以来都保持巨额的贸易逆差。美国目的何在？李嘉图的比较优势理论可以给我们参考答案。

比较优势理论认为，即使一个国家没有一种商品的生产成本优于其贸易伙伴国，互利贸易仍可以产生；相反的，即使一国在每种商品生产上都比其他国家绝对地更有效率，该国也仍然能从国际贸易中获益。简而言之，如果各国专门生产和出口其生产成本相对低的产品，就会从贸易中获益；或者反过来说，如果各国进口其相对生产成本较高的产品，也能从贸易中得利。

为了说清楚这个问题，我们不妨引用萨缪尔森在《经济学》里所举的例子：一个世纪前的美国和欧洲，如果美国的劳动生产率比欧洲高，这是否意味着美国就无需进口任何东西了呢？我们先来看看欧洲和美国的粮食和服装的贸易情况：

假设，在美国，生产 1 单位粮食需要 1 小时劳动，生产 1 单位服装需要 2 小时劳动；在欧洲，生产粮食的单位成本是 3 小时劳动，生产服装的单位成本是 4 小时劳动。可见，美国在两种产品上都有绝对优势。也可以看出，美国生产粮食的效率是欧洲的 3 倍，生产服装的效率是欧洲的 2 倍。所以，美国在粮食生产方面具有相对优势，相反，欧洲在生产服装上面具有相对优势。

萨缪尔森告诉我们，在两国可以自由贸易并不存在运输费用等交易成本的情况下，欧洲人民发现美国的粮食便宜，于是放弃在本国购买，转而向美国进口，同时，欧洲本国的部分农场主发现对本国粮食需求减少，进而导致欧洲粮食价格下降，渐渐地无利可图，于是，抽走资源退出粮食生产。同样，美国的服装生产商也会慢慢地退出服装生产行业。而在另一方面，由于欧洲进口美国粮食，对美国粮食需求增加，美国粮食价格上涨，粮食有利可图，这样美国很多其他资源就会进入美国粮食种植业。同样，欧洲的服装价格也会因为美国的进口需求增加而推动价格上涨，提升服装生产的利润，同时吸引更多资源投入。

当所有的国际贸易调整完成之后，美国和欧洲的服装和粮食价格就会变得相等（就如你将两个连通的 U 型试管中的障碍物清除，试管两侧的水就会达到同一高度）。此时均衡的粮食与服装价格比将会确定于某个值，具体值由两种产品具体的总供求决定。

上面说了两国的比较优势和贸易的可能性，但是这样的贸易真的能使两者都获益吗？

为了解释这个问题，我们再做一些假设：美国和欧洲都有 600 单位劳动（为方便分析假设两国的工资和产品价格都按美元计量）；贸易前，美国粮食和服装生产与消费为 400 单位粮食和 100 单位服装；假设在自由贸易下，两国的粮食与服装价格比达到相等的价格比为 2/3，显然介于 1/2 与 3/4 之间。因此，美国全部劳动最多可以生产粮食 600 单位，全部劳动最多可生产服装 300 单位；而欧洲全部劳动可生产粮食 200 单位，生产服装 150 单位。

那么，在两国贸易之后，由于前面讨论过，美国粮食生产具有相对优势，欧洲服装生产具有相对优势，那么美国就会集中劳动生产粮食，可生产 600 单位粮食；欧洲集中劳动生产服装，可生产 150 单位服装。由于美国本国只需消费 400 单位粮食，若粮食绝对价格为 2 美元，那么服装的绝对价格为 3 美元。故可以 2/3 的相对价格即 2 美元的价格出口 200 单位粮食再用出口的收入去进口服装出口收入为 200 ×2 为 400 美元，这可以购买 400/3 单位的服装，明显比贸易前消费的 100 单位服装多。

同样，如果欧洲全部劳动用于生产自己具有相对优势的服装，进口粮食，也可以消费更多的粮食。所以，这样的贸易有利于改善两国的状况，使两国获利。

通俗地说，比较优势理论的核心内容是“两利取其重，两害取其轻”。

小链接 1

英国的《谷物法》争论与比较优势理论

19 世纪的英国正处于资产阶段工业革命时期，工业得到了很大发展。当时英国的贸易结构大体是出口工业制成品进口原材料及农产品谷物等，谷物的大量进口压低了英国国内谷物的价格，使农场主受到了损失，为了保护农场主的利益，英国于 1815 年修订了《谷物法》，增加了对农业歉收时期的保护措施。这一措施限制了谷物进口，提高了国内谷物价格，农场主得到了实惠。但粮价上升提高了工业部门的生产成本，另外，由于英国限制谷物进口，引起其他国家采取报复措施，对来自英国的工业制成品也采取限制措施，结果，英国工厂主受到很大损失。由此，英国国内对《谷物法》的修订了展开了一场大辩论，新兴的资产阶级是坚决反对，而农场主则极力拥护。

英国经济学家李嘉图也参与了这场辩论。他在1817年出版了《政治经济学与赋税原理》一书，提出了比较优势理论，他认为，英国在谷物和工业制成品生产上都有一定优势。但相比之下，英国在工业的生产上优势更大，所以英国应扩大工业品生产并增加出口，通过贸易换取国外成本较低的粮食，这样做对英国更有利，而新《谷物法》恰恰违背了这一点。虽然新《谷物法》给农场主带来了好处，但英国的工业生产遭受的损失更大，因此，从整体来看，新《谷物法》给英国带来的是净损失。到1846年，《谷物法》被废除，这是比较优势理论的胜利，英国的选择是正确的。后来英国成了世界工厂，号称“日不落帝国”。

（资料源自《国际经济学案例》）

当我们分析到这里，你可能会觉得一切已经很完美，自由贸易的好处似乎是无穷的，并庆幸我们已经走上了改革开放的道路。但是，为什么到现在为止世界上很少有国家能真正做到自由贸易，甚至许多国家还奉行封闭？这是因为一直以来自由贸易的拥簇者和贸易保护主义者们就没有停止过争论和对立。

贸易保护主义的强词夺理与自由贸易拥护者的申辩

说到贸易保护，你可能大脑中马上就会蹦出“关税”“贸易限额”……这些熟悉的字眼，尤其是从事外贸相关工作的朋友，可能会时不时地埋怨各国对进口商品的高关税、严配额政策，因为这些政策损害了出口企业的利益。但相反，如果你是这些政策的受益者呢？

关于支持贸易保护还是自由贸易的矛盾，一直以来都是两难的问题。举个例子，现在许多消费者对进口商品情有独钟：玫琳凯、兰蔻、LV、Dior法拉利、宝马……数不胜数，却对它们在国内高昂的价格望而却步。造成进口产品高价的原因，除了它们的品牌效应，就是进口的各类税收、成本的转嫁。而这些产品在生产本国，充其量就是中等价格。这种现状催生了消费者们对关税、配额等贸易保护政策的反感和攻击。但与此同时，一些生产同类产品的国内企业却关起门来庆祝，有了贸易保护，他们生产的产品才有了竞争力，才能有销量，因为不是每个本土企业都能对抗外来企业价廉物美的产品的。一方反对自由贸易，一方支持贸易保护。各执一词，说起来都很在理。那我们到底应该如何取舍？

如果从经济学的基本观点出发，我们自然倾向于选择使贸易收益最大的方案。对这个问题，李嘉图、穆勒、萨缪尔森等经济学家一直在各种假定下争论国际贸易的收益，对此问题的研究结论也直接关系到人们对自由贸易政策的支持和反对。萨缪尔森对于国贸的收益问题就非常感兴趣。他的一些相关研究也对后来学者的研究产生了深远影响。在这些研究中，萨缪尔森主要关注以下两个问题：自由贸易是否优于封闭经济？贸易能否使整个社会的福利状况改善？

为揭示以上盲点，我们不得不先关注关于国际贸易的几个常识性概念。

常见的贸易壁垒：关税和配额

长期以来，政府一直在利用关税来提高收入和影响某些产业的发展。关税是对进口商品课征的一种税。配额是对进口商品的数量限制。通常，不同国家的平均关税率和配额情况各不相同，同一国家对不同商品的关税率和配额也各不相同。例如 2009 年中国关税率总水平为 9.8%，欧盟的平均关税率为 4%，而我国香港对进口货物不征收关税，即关税率为 0。

关税的经济影响在于：关税会提高商品价格，减少消费和进口的数量，增加国内生产。

提高商品价格很显然的，跟其他商品税（如增值税、消费税）一样，政府征收的税收最终都会转嫁给消费者，厂商为了保证利润率肯定会提高价格销售，当价格提高了人们对产品的需求会减少，尤其是对价格相对高的进口商品。同时，由于国内同类商品的价格较低，人们对这些商品的需求当然就更旺盛。说到底这些政策保护了国内的一些弱势企业。

禁止性关税和非禁止性关税

前者是一种税率非常高的关税，可以完全阻止任何商品的进口；后者税率较低，会损害但不会消除贸易。

配额与关税的影响在本质上是相同的，只存在一些微妙区别。关税能给政府带来收入，而配额由于限制进口数量，可以给获得配额的企业带来一定的价格差异，由于进口数量限制，先从国外进口成本相对低的产品，在关税不存在的情况下还可以以高于国内产品的价格卖出，这样就给获得配额的企业带来了利润。在利润的驱使下那些企业可能想方设法获得这个有限的配额，去贿赂拥有配额权的官员的情况就可能出现（道德风险）。所以，经济学家一般认为关税的危害相比之下要小一些。

以上贸易保护现象背后自有其经济学原因。

贸易保护主义者们认为，为了使本国不受外国进口产品竞争损害，应该运用关税或者配额来限制进口，他们的主张主要表现为三类：一是认为牺牲一些经济福利以支持国家其他目标是必要的，这称为非经济目标；二是其他一些误解经济逻辑的观点；三是认为市场和宏观经济不够完善，需要采取一些主动的政策来规范贸易。

1. 非经济目标

提倡贸易保护的人们认为经济福利不是国家的唯一目标，国家在运用各种办法提高经济发展水平时还得考虑国家安全、主权、人权、自由等非经济因素，又如一些国家可能想要保护自己的传统文化或本国环境。

美国的半导体产业就是一个很好的例子。在20世纪后期，美国军方认为，如果美国没有一个独立的半导体产业，那么在高科技武器的芯片方面，军方就会过于依赖日本和其他国外供应商。因此人们认为应该保护半导体产业。但经济学家却对这种做法的价值表示怀疑。他们并不是对国家安全目标提出怀疑，而是质疑实现这种方法的效率。他们认为可以为该产业制定一定的其他政策，比如购买最小数目的高质量芯片的计划等。这比保护措施的代价肯定低得多。

2. 误解经济逻辑的关税观

这些观点主要包括为特殊利益集团征收关税、避免国外廉价劳动力的竞争、对他国采取报复性关税、进口援助等。

很多时候要求实行保护性关税的压力主要来自于那些特殊利益集团，尤其是像在美国，领导人靠政客游说拉选票选举产生的国家，特殊利益集团对国家政策的影响非常大。他们为了保护自己在国内的盈利能力，运用自己强大的经济实力“威胁”政府通过某些决议。这也是为什么国际贸易在总体上对一国有利。那些贸易保护主义的鼓吹者仍能在议会中发挥相当大的影响，因为有一小部分人能在贸易保护中获利，就能为那些到处游说的政治家提供大量的经费。而我们一般普通消费者只是在某种商品上受到轻微的影响，损失小而且影响比较分散，所以个人没有动力去花费资源对每项关税发表意见。

一个富有戏剧性的例子就是美国对食糖实施配额，这一措施对少数几个厂商有利，但却使美国的消费者每年需要多支付 10 亿美元。一般的消费者可能并不知道食糖配额使得每人每天要多付出 1.5 美分，所以人们追求自由贸易的动力就显得很不够。

还有一种观点认为，自由贸易将本国劳动力置于国外廉价劳动力的竞争之下。为保护本国劳动力，他们认为维持一国高工资的唯一办法就是将低工资国家的产品排斥在外，或者对其施加高关税。他们极端地认为，自由贸易之下，本国高工资与外国低工资趋同。这种观点表面上是正确的，实质上是没搞清楚本国工资高的真正因素，工资高的原因在于劳动生产率普遍较高，也就是说生产同一单位产品，需要的时间更少，或者反过来说相同的时间劳动生产率高的工人可以生产出更多的产品，这样就能获得更多的工资。这也就是前面我们所说的比较优势原则在起作用。

所谓报复性关税是指其他国家向本国的出口产品征收关税，那么本国也有理由向他们出口的产品征收关税加以报复。虽然这些提倡实施报复性关税的人中也不乏有些人认为自由贸易是好的，但他们觉得现实世界离自由贸易很远，所以，为了使贸易在公平的基础上进行，他们便提倡征收报

复性关税。20 世纪 90 年代，美国就曾好几次走到了与日本等国爆发贸易战争的边缘。尽管这一观点有潜在的正确性，但运用时必须多加小心。正如战争威胁可能会导致军备竞赛和军事冲突一样，用贸易保护政策威胁他人，最终也可能导致威胁者自己受到损害。

3. 有一定经济价值的贸易保护主义观点

此类观点主要有三种：

- 关税可能使贸易条件变得对一国有利；
- 对于有增长潜力的“幼稚产业”实行临时性保护性关税，从长期看可能是有效率的；
- 在某些条件下，关税有助于减少失业。

贸易条件即出口价格与进口价格的比率。持第一种观点的贸易保护主义者认为，当一个大国家对其进口商品征收关税时，世界市场需求的减少会使均衡价格下降，在出口价格不变的情况下，这种情况将改善该国的贸易条件，提高该国的实际收入。同时，他们认为能够使国内实际收入最大化的关税为最优关税。这是在充分就业和完全竞争情况下唯一正确的关税理论。但这是一种“损人利己”的政策，势必会遭到其他国家的报复，最后可能会引起贸易战。

对于保护幼稚产业的关税观认为，如果直接面对国际市场上“巨头”的激烈竞争，本国的一些幼稚产业是很难生存的，如果对它们进行一些临时性保护，它们就可能成长起来，从而获得批量生产的经济效益，也能吸纳更多的劳动力。尽管，实行贸易保护初期本国消费者需要付出更高的价格，但从长远来说，对消费者是有利的。这种观点具有合理之处，但是我们应该谨慎考量。历史表明，有些幼稚产业经过保护可以发展和成熟起来，但对一些新兴工业国家的研究表明，在其工业化早期阶段，他们经常保护本国的制造业，但对于幼稚产业，补贴将是更有效率和更透明的做法。

通过征收关税来保证本国人口的就业率，是贸易保护主义者们一个强有力的动机，这在经济衰退或滞胀时期能增加就业机会。实施贸易保护，可以提高进口商品的价格，从而使需求转向国内商品，进而增加国内的生产和就业。但这是一种“以邻为壑”的政策，以其他国家的产出和就业的下降来增加本国的需求。尽管这样会增加就业，但并不能将它作为一个追求高就业率、高效率和稳定价格的有效计划。宏观经济的发展史表明，还有其他比实行进口保护更加有效的方法来降低失业率，比如财政政策和货币政策。

小链接

1930 年美国“斯穆特－霍利关税法案”

在美国 20 世纪 30 年代“大萧条”时就有这样惨痛的历史教训。1930 年 6 月，美国国会通过了臭名昭著的“斯穆特－霍利关税法案”，将超过两万种进口商品的关税税率提高至历史最高水平（其中 3200 种商品的有效税率超过 60%），企图以此保护危机中的美国企业和劳工。结果，世界各国竞相建立贸易壁垒，致使全球经济和贸易急剧萎缩。自 1929 年至 1932 年，美国从欧洲的进口总额从 133 亿美元下降至 39 亿美元，而输欧商品总额则从 234 亿美元下降至 78 亿美元；在 1929 年后的五年中，世界贸易总量降低了 66%。几乎所有的经济历史学家都认为，贸易保护主义是导致当时世界经济从衰退走向“大萧条”的一个关键因素。在“斯穆特－霍利关税法案”推出时，美国失业率不过 7.8%；然而，这一数字在一年后上升至 16.3%；1932 年达到 24.9%；1933 年达到有史以来的最高水平 25.1%。

（资料来源：新浪财经）

在美国学术界中对自由贸易有许多质疑的声音，其中相当一部分人还是来自学术界的泰斗级人物：

2006 年 3 月，美联储前任副主席阿兰·布林德在《外交》杂志上发表文章，对美国产业外移和业务外包表示忧虑，他认为由于信息革命和通信技术使服务产品可以远程传递，许多传统的非贸易商品变为可贸易商品，从而大大加速了这一进程，其结果将造成美国数以千万计的工作机会流失。

读懂萨缪尔森

2007年7月，国际经济学领域的新一代领军人物保罗·克鲁格曼撰文，反思贸易和社会公平的关系，认为自由贸易在国民收入较高的国家会造成越来越严重的贫富差异。正是由于中国的崛起和国际分工的高度细化，许多支撑发达国家就业的产业向中国和其他发展中国家加速转移，造成其国内收入分配格局失衡、贫富差异加大。

这些自由贸易怀疑论的出现，拥有深刻的现实背景：即全球化的进一步深化，中国深度融入多边贸易体系，美国经济竞争优势的明显削弱，美国民众，特别是中低阶层对经济全球化和自由贸易不断产生失望和恐慌。

经济学家们以及以市场为导向的政策制定者对自由贸易的信念，在高失业和世界汇率动荡时期经受了严峻的考验，最近又面临着来自反全球化的势力的挑战，不过，大多数国家还是提高了对外开放的程度，发展全球化经济的趋势仍在继续。

对于深度危机中的美国经济，贸易保护主义的呼唤如同漫长夜航中海妖的歌声，美妙却无比凶险。

在2008年美国大选中，奥巴马阵营曾提出过“购买美国货，投奥巴马一票”的竞选口号，事实证明，这种策略在传统制造业集中的宾夕法尼亚（钢铁工业中心）和密歇根（汽车工业中心）还是极有号召力的。众议院在奥巴马经济刺激计划中加入“Buy American”的条款时，两党议员几乎一边倒地表示支持。这也说明，经济学上正确的主张未必“政治上正确”，而“政治上正确”的主张往往在经济学上完全错误。

如同萨缪尔森所指出的：“从一群出色的医生中选择医生的人恰恰是他自己的医生，因为王子只听得进他想听的故事。”

第三节 贸易真的改善了社会的福利状况吗？

通过上一节对比较优势理论和自由贸易的介绍，也许部分读者会对自由贸易有一种向往，就像向往“乌托邦”一样。但同“最高理想”的意义相同，自由贸易只是我们对贸易的最终目标，而非现实目标。现实世界是复杂的，多种因素并存。至于自由贸易是否优于封闭经济、贸易能否改善社会的福利状况，这两点是大多数贸易支持者与反对者交锋的主要“战场”。萨缪尔森对国际贸易收益的研究，也主要围绕着这两个问题展开。

对于第一个问题，萨缪尔森认为，任何贸易的发生都标志着双方的状况在改进，否则人们不会参与贸易。显然，如果一笔交易不能给你带来好处或者使你现在的状况变差了，那么你肯定不会参与交易。不管是经济方面的收获还是其他非经济方面的，既然你愿意参与，必然是有原因或者有利可图的，比如说物质享受、心情愉悦、减少心理负担等。

尽管自由贸易通常优于封闭经济已经为大家所接受，但实践者和不少经济理论家仍然认为，贸易只对部分人有利，对另一部分人却有害。

萨缪尔森2004年曾在美国《经济学展望》杂志上发表过一篇极具争议的论文《李嘉图和穆勒等主流经济学家所深信的全球化在哪里》，其核心观点就是自由贸易虽然在某种情况下给贸易双方带来收益，但在另一些情况下却可能使其中一方受损，即自由贸易政策并不必然提高所有贸易参与国的福利水平，发展中国家（如中国）通过技术进步取得福利增长，可能正以发达国家（如美国）的福利损失为代价。

萨缪尔森认为，当中国在一种产品上的劳动生产率提高到足以使美国减少对此产品的生产之后，美国的人均实际收入水平将会遭受损失。也就是说，随着发展中国家的技术进步、劳动效率提高，他们与发达国家的差距就会缩小，即发达国家可能因此失去某些方面的比较优势，导致贸易收益减少。因此，与中国技术进步使美国受益不同，萨缪尔森进一步提出，在某些情况下，中国的技术进步会使得美国受损。

萨缪尔森这篇论文并没有特意指出一国是否采取保护性贸易措施，但却提出了一些有关全球化比较现实且科学的正确看法：如果一项技术革新将会导致世界总产出的增长（无论其是使一国受益，还是使一国受损），相比那些由各大利益措施所催成的贸易壁垒而言，自由贸易仍然是最好的措施。

在不比较个人福利的情况下，萨缪尔森运用序数效用理论分析指出，尽管贸易确实不能使每个人的状况都得到改善，却可以使人们的状况普遍改善。因为愿意贸易的人总能通过对商品增量的重新分配补偿反对贸易的人，结果所有人的福利状况都得到改进。

对这一点其实我们深有体会，我国在改革开放之后，国力日渐强大，人们的生活水平前所未有地提高。不只中国，各国也都从更加开放的贸易中得到了利益，因为它带来了贸易量的增加和更高的生活水平。

当下，经济学家们大多认为：相比于贸易保护主义政策引发的恶性循环，另一种好得多的政策举措是世界各国同时采取扩张性的财政政策，扩大政府开支，这样由于出口漏出的部分内需会因外需增长而得到补偿，从而使全球经济增长进入良性循环。

第九章 宏观经济的两个调皮的孩子
——失业与通货膨胀

第一节　经济这位母亲不想要的孩子：失业

“失业”一词历来让人避而远之，它不仅意味着人们得不到报酬、不能养家糊口，生活幸福指数会降低，而且大范围的失业不仅给个人带来压力，甚至会造成一国经济的滑坡和社会动荡。

“失业”问题在经济学中的地位是毋庸置疑的，通常我们所说的政府四大经济目标之一即是充分就业。进入新世纪以来，随着我国的教育改革，全国各高校纷纷扩招，原来被大家称为天之骄子的大学生，随着数量增加，大学生的角色发生了翻天覆地的变化，大学生被冠以高不成、低不就之名。近年来，大学生就业难问题也逐渐成为当今中国经济中的一个突出的社会问题。

而综观世界各国，尤其经济增长快速的国家，失业更是伴随社会发展的不可忽视的民生问题。为很好地解决就业问题，包括政府、经济学家和各类机构在内的各路人马都在想尽办法挖掘失业的根源，寻求解决失业的办法。尽管结果可能不那么尽如人意，但至少在控制失业的路上，人类已经迈出了坚实的步伐。

失业问题也是萨缪尔森的重点研究对象之一。他结合历史和现状，对古典微观经济学和凯恩斯的宏观经济学进行了综合，提出了失业的两种经济学解释：一是在可伸缩性工资即弹性工资条件下的自愿性失业；二是粘性工资条件下的非自愿性失业。

失业的三种类型

萨缪尔森首先将失业分为三种类型：摩擦性失业、结构性失业和周期性失业。

摩擦性失业说的是生产过程中难以避免的、由于转换职业（包括人们在各个地区之间、各工作职位之间的变动）等原因而造成的短期、局部失业。这种失业的性质是过渡性的或短期性的。它通常起源于劳动的供给一方，因此被看做是一种求职性失业，即一方面存在职位空缺，另一方面存在着与此数量对应的寻找工作的失业者，这是因为劳动力市场信息的不完备，厂商找到所需雇员和失业者找到合适工作都需要花费一定的时间。摩擦性失业在任何时期都存在（即使经济处在充分就业水平也难免会有职位的调整），并将随着经济结构变化而有增大的趋势，但从经济和社会发展的角度来看，这种失业存在是正常的。由于摩擦性失业的劳动力经常变换工作岗位，或者是正在寻找更好的工作，所以人们经常认为这是一种自愿失业。

结构性失业是在对工人的供求不一致时产生的。供求之所以会出现不一致，是由于对某种劳动的需求增加，而对另一种劳动的需求减少，与此同时供给没有迅速作出调整造成的。因此，当某些部门相对于其他部门出现增长时，经常会出现各种职业或地区之间劳动供求的不平衡。特定市场中劳动力供求不平衡可能由以下原因导致：第一是技术变化，原有劳动者不能适应新技术的要求，或者是技术进步使得劳动力需求下降；第二是消费者偏好的变化。消费者对产品和劳务的偏好的改变，使得某些行业扩大而另一些行业缩小，处于规模缩小行业的劳动力因此而失去工作岗位；第三是劳动力的不流动性。流动成本的存在制约着失业者从一个地方或一个行业流动到另一个地方或另一个行业，从而使得结构性失业长期存在。但是这时候，如果我们的工资水平具有伸缩性，劳动市场之间的不平衡就可以随高供给地区工资的下降和高需求地区工资的上升而消失，但现实情况是，由于劳动合同、工会力量、各种调整成本的存在，工资一般不会频繁

变动，即工资不能根据市场上劳动的供求状况在短时间内迅速调整，可以认为工资具有粘性，所以，劳动市场常常不能达到出清状况，只有在时间足够长时，才可能调整工资以适应劳动供给的短缺或过剩。因此当工资没有伸缩性时，供求的不平衡就会导致失业的出现。

周期性失业是指经济周期中出现衰退或萧条时，因社会总需求下降，生产商降低生产而造成的失业。当经济发展处于一个周期中的衰退期时，社会总需求不足，因而厂商的生产规模也缩小，从而导致较为普遍的失业现象。比如，受这次金融危机的影响，世界各国的总需求都有所下降，最深有感触的就是近两三年我们政府的政策目标中总离不开“扩大内需”这个词，政府及相关专家想方设法出谋划策，设计出来五花八门的扩内需方法——如搞得轰轰烈烈的“家电下乡”，又如曾几何时出现的各地方政府“跑步进京”争取项目，进行基础设施投资等。

周期性失业对于不同行业的影响是不同的，一般来说，需求的收入弹性越大的行业，周期性失业的影响越严重。为什么呢？前面我们提到过经济学中弹性的定义，即弹性是对供求相对于价格变动的反应程度。这里需求的收入弹性，是指消费者的收入变化，导致对某种产品需求的变化。如果需求的收入弹性大，就是说当消费者收入变化很小，对商品的需求变化很大。具体来说，如果在经济衰退时，人们的收入减少，对于需求收入弹性大的商品人们会大大减少对其需求，此类商品包括奢侈品、高档品等，随着收入减少，人们对它们的需求减少的幅度更大。

失业的原因从表面上看很清楚：过多的劳动力追逐过少的工作岗位，但这个简单的经济现象却困惑了经济学家60多年。理论上说，价格的上升或下降将会出清竞争市场（即市场达到均衡），此时，卖者所愿意卖的正是买者所愿意买的。但是，当市场上需要大量的专业服务人员时，成千上万的汽车工人虽然愿意接受现行工资却找不到工作时，劳动市场的运行就受阻了，正如其他市场经济，劳动市场也失灵了。那么，问题的根源在哪里？

非自愿失业理论认为，缺乏弹性的工资是问题的根源所在。

对于这一点，读者很容易理解，我们一般参加工作时都会和单位签订一个劳动合同，合同中薪水是最重要的部分，通常规定合同期为一年以上，比如三年、五年等，在这期间工资的变动都是很小的。比如在欧美等国家，工会的力量比较强大，通常不允许企业降低职工工资，工资只能上调很难下调。又比如在日本，他们的就业通常是以终身就业为目标，企业也不会因为职工的能力下降而轻易开除职工。所以，在这些情况下，劳动市场的工资是很难根据供求进行自我调节的，这样就会出现前面几种失业状况。此时，就需要政府相关政策的干预，并促进市场不断完善。

以上内容就是关于各种失业类型的介绍，正确判断失业类型对我们探寻失业问题的根源和寻求解决办法至关重要。萨缪尔森在对失业类型和历史研究的基础上，提出了一些很有意义的结论和建议。比如，他认为青少年失业主要是结构性的，并提出了一些有用的建议。

青少年失业主要是结构性的

在许多人口统计数据中，青少年的失业率都是最高的。在这些高失业率中，我们有必要判断哪些部分是摩擦性的，结构性的或周期性的。美国目前的证据表明：特别是对白人，青少年失业具有很大的摩擦性成分。青少年的职位变动很频繁，往往他们得到职业很快，失去或辞去职业也很快。青年失业的平均时间（他们失业的持续长度）只有成年人的一半；典型职业的平均长度成年人比青年人长 12 倍。在大多数年份，一半的失业青年是以往从未干过有报酬职业的“新进入者”。所有这些现象都表明：青少年失业主要是摩擦性的，这表明青少年在不同职业中转换的必要性，以便能发觉出他们个人的技能和就业需求之间的差距状况。不过最终青年人慢慢学会各种技能和劳动态度并使工作状况趋于稳定。

降低失业率的措施

根据失业的类型和产生的根源，萨缪尔森认为应当采取以下几方面的措施来降低失业率：

1. 改进劳动市场（“约会”）的服务

有些失业的出现是由于职位的空缺造成的。如果提供较完备的信息、职业一览表和较多的培训机会，摩擦性和结构性失业就可能减少。

2. 提供培训

很多时候企业需要具有某种特定劳动技能的人才，但是人们具有的技能却与之不匹配。这时候有针对性地提供相关培训是一个很有效的做法，这样能够为企业和工人建立最迅速的对接渠道，减少失业的产生。

3. 取消政府的政策障碍

有些经济学者认为，政府为保障失业人群出台的一系列福利政策在保护人们免受失业痛苦的同时，可能对失业率的增加起到了推动作用：因为有了保障政策的存在，很多懒惰的人就不愿意再去寻找工作。这些经济学者要求降低最低工资规定（或实行一个特殊的“青少年最低工资”）；改进失业保险金制度；减少在福利、残疾人和社会保险方案中不利于工作积极性的因素。

4. 政府创造就业职位

降低失业率的另一个重要做法是由政府为失业者提供大量的就业机会。有些比较激进的经济学家甚至建议让政府成为失业者的“最后雇主”，尽管最后并未被采用，但是也从一些方面揭示了政府在创造就业机会方面的巨大作用。许多人认为，如果公共职位主要是专门为高失业人群（青少年等）而提供，那么将会对这些人群的技能和就业能力产生持久的影响，从而带来失业率的真正下降。

之所以包括政府、经济学家在内的各色人群不断为解决失业问题提出各种各样的建议，其根本原因在于，在失业时期，很多本应该由失业人员生产的商品、提供的服务，都不能实现，这相当于浪费了大量的资源，减少了整个经济体的财富。那么，高失业到底造成多少浪费呢？最大的经济损失发生在20世纪30年代初的大萧条时期，而20世纪70年代和80年代的石油危机与通货膨胀也使产出的损失超过1万亿美元。

失业的经济成本如此之大，那些由持续性的非自愿失业带来的精神损失更是不可以用美元来衡量的。事实证明，失业会给人们酿成种种悲剧。

小链接

为什么美国人对失业率非常敏感?

美国人对失业率的数据非常敏感，现在是近10%，哪怕是有百分之零点几的变化，对股市、对选举的影响也很大，更牵动着民众的神经。

为什么美国人这么关注工作岗位?

可能有这几方面的原因：一是美国人花钱的传统，有钱就花，根本不存钱，花完了怎么办，得挣啊，因为没人会给你钱，哪怕是你父母，也没人会借给你，所以你得不停地找工作；二是为年老退休时的考虑，你年轻工作时就得不停地往你的账户里交养老金，多交更好，那你退休后生活就有保障，如果失业了，那就对不起了，养老金不够也不要指望儿女来养你，会很惨啊；三是美国现在经济不好，福利制度也没有欧洲国家好，你失业了，政府会在9个月内给你生活费，超过9个月就不管你啦。对失业者，政府会发一种食品券（也有人叫粮食券），每月大约200美元，但也有限制——只准买食物，不能买其它的，这对爱花钱的美国人来说是很难受的，更不用说养家糊口了（美国还有房产税，每年交房产价值的1%以上不到2%，各州不一样）。所以，在美国没工作怎么活?

那就去找工作呗！现在的美国，工作哪有那么好找啊！

美国的产业已经空洞化。制造业最能解决就业问题，但美国几乎没有制造业了，铺天盖地都是Made in China，你要说了——美国不是制造飞机吗？但造飞机能吸收几个人就业呢，何况飞机的很多部件是别国制造的，例如，波音飞机的尾翼是中国天津、沈阳造的；对，美国有强大的电影业，但能当演员的又有几个呢。美国路上跑的汽车几乎是日本的天下，其次是欧洲车，底特律的汽车工业已经完蛋了（这还要“感谢”美国强大工会的力量）。

你要说了——美国还有高科技产业呢。是的，你到这些企业去看看，

你会很有趣地发现有大量的中国人、印度人，当然还有欧洲人。这些外来的人才大量地挤占了本土美国人的职位（还有第二梯队——在美国有名的理工科大学还有大量的中国学生，或许还有第三梯队，在北大清华）。

还没完，中餐馆、日餐馆都是中国人经营的；洗衣店韩国人包干；旅馆是印度人开的；指甲店是越南人开的；唐人街都无一不在城市的繁华地段，是中国人的天下。还有一些体力活，墨西哥人干了（墨西哥人大量地涌入美国，而且生育率比较高，有人说，墨西哥人将来要超过白人，成为美第一大种族，事实上，现在美国西班牙语的标记到处都是）。

本土美国人还有多少工作机会？

（资料源于明星经济学家叶楚华语）

第二节　难以驯服的通货膨胀

萨缪尔森在《经济学》第十二章开头引用了凯恩斯的一句很有意思的名言：据说列宁公开说过，摧毁资本主义的最好办法是使货币贬值。通过一种持续不断的通货膨胀过程，政府能够秘密地和不被察觉地没收其公民的大量财富。可见通货膨胀对于一国的货币和社会基础是何等重要。

对于通货膨胀这个词，读者们再熟悉不过，我们天天在报纸头版头条看到的 CPI 指数又上涨了几个百分点云云，说的就是通货膨胀现象。教科书里告诉我们，如果一国发行的货币数量超过了货币必要量，出现的货币贬值现象就是通货膨胀，更形象的说法，通货膨胀就意味着物价水平普遍而持续的上升。需要注意的是，仅仅一两种商品价格上涨不能说是通货膨胀，大多数物价上涨才算，而且必须是持续上涨。通常每个月公布的CPI即消费者物价指数，它是反映通货膨胀的一个指标。消费者物价指数（Consumer Price Index），是对一个固定的消费品篮子价格的衡量，主要反映消费者支付商品和劳务的价格变化情况，以百分比变化为表达形式。另外还有一些指标，比如衡量制造商和农场主向商店出售商品的生产者价格指数（PPI），它主要反映生产资料的价格变化状况，用于衡量各种商品在不同生产阶段的成本价格变化情况。

一般来说，按物价上涨速度可以将通货膨胀分为以下几类：

1. 爬行型通货膨胀

又称“温和的通货膨胀”，是指一种缓慢而持续的通货膨胀。如果一国经济生活中的一般物价水平年平均上涨率在1～3%（<5%）之内，而且这种较缓慢的一般物价水平上升并不会导致经济生活出现通货膨胀预期，这种物价水平上升就被称为“爬行的通货膨胀”。爬行型通货膨胀一般对经济生活并不会带来不利的影响，相反有时还会作为一种“润滑剂”起到促进经济增长的作用。

2. 疾驰的或飞奔的通货膨胀

亦称为奔腾的通货膨胀、急剧的通货膨胀，年通货膨胀率为两位数，它是一种不稳定的、迅速恶化的、加速的通货膨胀。在这种通货膨胀发生时，通货膨胀率较高（一般达到两位数以上），所以在这种通货膨胀发生时，人们对货币的信心产生动摇，经济社会产生动荡，所以这是一种较危险的通货膨胀。

3. 恶性的或脱缰的通货膨胀

也称为极度的通货膨胀、超速的通货膨胀。这种通货膨胀一旦发生，通货膨胀率非常高（一般达到三位数以上），而且完全失去控制，其结果是导致社会物价持续飞速上涨，货币大幅度贬值，人们对货币彻底失去信心。这时整个社会金融体系处于一片混乱之中，正常的社会经济关系遭到破坏，最后容易导致社会崩溃，政府垮台。这种通货膨胀在经济发展史上是很少见的，通常发生于战争或社会大动乱之后。

在恶性通货膨胀状况下，我们更能看到通货膨胀的灾难性影响。恶性通货膨胀将会导致经济崩溃。首先，恶性通胀使商品价格迅速上升，居民和企业都不想把钱存在银行里，因为那样会贬值。钱对他们来说就像烫手的山芋，他们都把钱迅速花出去，购买商品和服务，这样会使价格进一步升高，加剧通胀。其次，员工会要求企业增加工资，以应付日益增长的物价。这时企业的成本就会增加，从而使商品价格进一步增加。同时企业在通胀时会力求增加存活，以便以后价格更高的时候出售。这样市面上的商品将变得紧俏，导致商品价格继续上升。

目前公认的恶性通货膨胀在世界范围内只出现过 3 次。第一次发生在 1923 年的德国，当时第一次世界大战刚结束，德国政府无法征集到足够的税款偿还债务，于是开始开动印钞机，在 1922 年初到 1923 年底，德国的货币发行量以惊人的速度增长，德国的物价在一个月内上涨了 2500%，一个马克的价值下降到仅及战前价值的一万亿分之一。第二次发生在 1946 年的匈牙利，第二次世界大战结束后，匈牙利的一个福林价值只相当于战前的 828×10^{27} 分之一。第三次发生在中国，从 1937 年 6 月到 1949 年 5 月，伪法币的发行量增加了 1445 亿倍，同期物价指数上涨了 36807 亿倍。

前面说了这么多，那么，通货膨胀到底有哪些危害，它存在什么经济影响？为什么会发生通货膨胀？

通货膨胀对社会经济产生的影响主要有：引起收入和财富的再分配，扭曲商品相对价格，降低资源配置效率，引发泡沫经济乃至损害一国的经济基础和政权基础。

举个例子，目前关于我国消费者物价指数即（CPI 指数）的新闻几乎成了报纸每天的头版头条。特别是 2010 年下半年以来，CPI 指数一再上升，有关部门和学者们，一直强调 CPI 指数，有意回避“通货膨胀”，并信誓旦旦保证“可控”。2011 年上半年以来，我国民生用品除公交服务、电子产品等少数价格未变甚至下降外，普遍物价呈不断上涨趋势，如芝麻开花——节节高。到了近些日子，物价——特别是涉及民生的许多商品的物价——如脱缰的野马，狂奔乱踏，弄得民怨四起，人心惶惶。理论上认为，只要通胀能温顺控制在3% ~4%之间，那么对于经济发展是有好处的。当CPI破五这个“安全期”之后，发改委官员最近又说，中国的通货膨胀问题，在美国、日本不改变量化宽松的货币政策以前，“我们解决不了”。

改革开放以来，我国经历了许多次通货膨胀，在这一次又一次的通胀中，一个又一个的国家大中型企业破产，一批又一批的工人下岗，虽然国家也在用上调工资和最低生活补贴的办法来缓解人民的生活压力，用各种限价措施来控制经济过热，但通胀的结果却难以改变：人民手中的财富贬值了。

我们迫不及待想要了解通胀的根源和真正危害。萨缪尔森认为，通胀的真正危害在于以下几方面：

1. 影响收入和财富分配

首先，通货膨胀不利于靠固定收入维持生活的人，而对那些有变动收入的人有利。比如在上世纪90年代国企的工资有的达到了1000元，这在当时是很高的。而现在他们的工资依然是1000元，差不多算是低收入了。可是那些商人和私企员工，收入却大幅提高了。

第二，不利于债权人却有利于债务人。当你在10年前欠别人10000元，现在来归还，你就划算多了。即使要还利息，而大多数的利息并不能正确预见通货膨胀率，所以往往真实利率很低，甚至为负。

第三，通货膨胀对储蓄存款者不利。随着物价上涨，储蓄在银行里的钱的实际购买力下降了，类似的，如保险金、养老金以及其他固定价值的证券财产等，它们本来是作为防患于未然和储蓄养老的，在通胀之后，它们的价值也会大幅降低。

第四，在政府与公众之间，通货膨胀将有利于政府而不利于公众。由于在不可预期的通货膨胀之下，名义工资总会有所增加（尽管并不一定能保持原有的实际工资水平），随着名义工资的提高，达到纳税起征点的人增加了，有许多人进入了更高的纳税等级，这样就使得政府的税收增加。但公众纳税数额增加，实际收入却减少了。政府在这种通货膨胀中所得到的税收被称为“通货膨胀税”。一些经济学家认为，这实际上是政府对公众的掠夺。这种通货膨胀税的存在，既不利于储蓄的增加，也影响了私人与企业投资的积极性。

2. 影响经济效率

在丰富多彩的经济生活中，货币之所以起着重要作用，是由于一切价格都以货币表示，一切交易都以货币为交换手段，市场通过货币把它的各种信息传递给交易各方，使各生产者、消费者按照市场的指示去行动。在这个过程中，货币的中性或者说稳定性是市场信号真实和顺利传递的前提保证。只有排除货币干扰，每个人才能在自由交换的经济中获得真实的信息并做出选择。在价格机制作用下，市场将调整对不同产品和劳务的供求，资源将被引导到社会最需要的部门中去。这样，资源的有效配置提高了经济效率，促进经济的增长与发展。而一旦发生通货膨胀，市场上货币大幅贬值，由于货币的破坏力导致价格系统紊乱，打乱了市场机制的一切有效秩序，干扰了市场信号的传递并使信号失真，造成资源配置失调，降低经济效率并使经济陷于不稳定状态。

正如本章开头所引用的那段名言：据说列宁曾断言，捣毁资本主义制度的最有效办法就是破坏它的货币。不断地借助通货膨胀，政府就可以秘而不宣地没收其公民的大部分财富。

3. 影响宏观经济

通货膨胀即物价上涨，这时使价格信号失真，容易使生产者误入生产歧途，盲目发展生产，造成国民经济的非正常发展，使产业结构和经济结构发生畸形化，从而导致整个国民经济的比例失调。当通货膨胀所引起的经济结构畸形化需要矫正时，国家必然会采取各种措施来抑制通货膨胀，结果会导致生产和建设的大幅度下降，出现经济的萎缩，由此可见，通货膨胀不利于经济的稳定、协调发展。

对于通货膨胀的成因，往往五花八门：有人说是因为房地产商人抬高了地价，有人说是因为股市里的赌风太盛，有人说是因为石油等原材料涨价，有人说是因为政府的开支太大或债务太重，有人说是因为工会成功地取得了过高的工资，等等。这些众说纷纭的通胀成因，都太偏颇。并不是说这些现象不会发生，而是这些现象本身并不会导致通货膨胀。更确切地说，这些现象，有时只是通货膨胀所导致的结果，而不是通货膨胀的成因。

从通货膨胀的动因角度，萨缪尔森将通货膨胀分为需求拉动和成本推动两种。关于前者，萨缪尔森明确指出，凯恩斯主义者、货币主义者和新古典宏观经济学派都同意，需求拉动的通货膨胀是指总需求过度增长所引起的通货膨胀，其实质在于，太多的货币追逐在充分就业下可生产的有限的货物，如果总需求上升到大于总产出的地步，过度的需求是能引起物价水平的普遍上升。而成本拉动的通货膨胀则是指成本即使在资源就业不足的时期也能推动价格上升，这是来自供给学派的观点。

一般说来，总需求的增加会引起物价水平的上升和生产总量的增加，但在达到充分就业的情况下，即达到实际产量的极限之后，总需求任何一点的增加，都会引起价格水平的进一步提高，也就是通货膨胀更加明显。这种通货膨胀被认为是“过多的货币追逐过少的商品”。特别在我国，财政赤字、信用膨胀、投资需求膨胀和消费需求膨胀常常会导致需求拉动型通货膨胀的出现。我国 1979 年至 1980 年的通货膨胀的成因就是由财政赤字而导致的需求拉动。

成本方面的原因形成的通货膨胀，又被称为供给型通货膨胀，是由于厂商生产成本增加而引起的一般价格总水平的上涨，造成成本向上移动的原因大致有：工资过度上涨；利润过度增加；进口商品价格上涨。

工资推动通货膨胀是工资过度上涨所造成的成本增加而推动价格总水平上涨，工资是生产成本的主要部分。工资上涨使得生产成本增长，在既定的价格水平下，厂商愿意并且能够供给的数量减少，在完全竞争的劳动市场上，工资率完全由劳动的供求均衡所决定，但是在现实经济中，劳动市场往往是不完全的，强大的工会组织的存在往往可以使得工资过度增加，如果工资增加超过了劳动生产率的提高，提高工资就会导致成本增加，从而导致一般价格总水平上涨，而且这种通胀一旦开始，还会引起“工资——物价螺旋式上升”，工资物价互相推动，形成更严重的通货膨胀。

利润推进的通货膨胀是指厂商为谋求更大的利润导致的一般价格总水

平的上涨，与工资推进的通货膨胀一样，具有市场支配力的垄断和寡头厂商也可以通过提高产品的价格而获得更高的利润，与完全竞争市场相比，不完全竞争市场上的厂商可以减少生产数量而提高价格，以便获得更多的利润，为此，厂商都试图成为垄断者。结果导致价格总水平上涨。

造成成本推进的通货膨胀的另一个重要原因是进口商品的价格上升。如果一个国家生产所需要的原材料主要依赖于进口，那么，进口商品的价格上升就会造成成本推进的通货膨胀，其形成的过程与工资推进的通货膨胀是一样的，如20世纪70年代的石油危机期间，石油价格急剧上涨，而以进口石油为原料的西方国家的生产成本也大幅度上升，从而引起通货膨胀。

在实际中，造成通货膨胀的原因并不是单一的，由各种原因同时推进的价格水平上涨，就是供求混合推进的通货膨胀。

小链接

1988年的抢购风潮

1988年，中国决定放开价格管制，取消价格双轨制，实行“价格闯关”，这直接导致当年全国出现了大范围物价上涨，进而产生了波及大江南北的抢购风潮。

但此次“价格闯关”随后导致了全国范围内严重的物价上涨情况。一场惊心动魄的物价闯关拉开了帷幕，闯关行动从最大的工业城市上海开始。一个月内，上海调整了280个种类商品的零售价，涨幅达18.7%。

1988年新春伊始，各种涨价的小道消息便在坊间流传，各种商品的价格也在悄悄地陆续上扬，民众的心理就已经开始发生波动。3月份，国家即将对一些主要农副产品零售价格进行调整的消息传出，部分地区的民众（主要是一些大城市）出于对涨价的担忧，开始抢购商品，从而刮起1988年的第一波抢购狂潮。国营商场的肉、蛋、糖等副食品在很短的时间内就被抢购一空。上海在数日之内，商场里的食盐、食油、肥皂等日用消费品即告售罄，就连火柴也不例外。

5月份，国家决定放开四种主要副食品的零售价格，果然证实了此前坊间的流言，民众的神经再次被触动，抢购之风又起。与第一次抢购风潮不同的是，这一次绝大部分商品的价格都随着抢购风而直线飙升。四种主要副食品之外的各种商品也大都乘机涨价，政府的红头文件完全失去了效力。

7月28日，国家决定对13种名烟名酒放开市场价格。当天起，全国各大城市就出现了抢购名烟名酒的风潮。北京、上海、天津的商店在开门的几个小时内，库存的烟酒就被抢购一空。

8月初，有小道消息盛传，从9月1日起，各种商品将全面涨价，抢购风潮又起。8月19日清晨，中央人民广播电台播发“价格闯关”的消息，当天就出现抢购狂潮。这一次抢购风潮波及面非常广，抢购风不仅发生在大城市，而且迅速席卷全国中小城市和部分乡村地区。

突如其来的全国性抢购风潮，加上脱笼而出的通货膨胀之虎，使整个社会的经济秩序陷入一片混乱之中。严峻的形势不仅引起了国际国内的普遍关注，也导致了广大民众的严重不安，影响社会的安定和广大民众对改革的信心。如何应对这一复杂而又危险的局面，成为摆在中央决策层面前的头等大事。

9月12日，邓小平在听取了有关部门关于价格和工资改革初步方案的汇报后指出：“现在的局面看起来好像很乱，出现了这样那样的问题，如通货膨胀，物价上涨，需要进行调整，这是不可少的。”“我们要定一个方针，就是要在中央统一领导下深化改革。不仅是价格一个方面的改革，而是多方面的、综合的改革。只有多方面的、综合的改革，才能为价格改革创造条件。当然真正建立秩序，不理顺价格不行。价格没有理顺，就谈不上经济改革的真正成功。我们准备用若干年时间把价格初步理顺，最终达到面向世界市场。”四天之后，他又在会见日本客人时说：“目前胆子已经够大了，所以步子要稳一些。”“今后要控制总需求的增长，要控制发展速度，要治理通货膨胀。”

作为第二代中央领导集体的核心，邓小平的这些讲话无疑具有指导方针的意味。

以 1985 年的物价指数为基点，1988 年的物价指数上涨 34. 8%。

（资料来源：凤凰网历史频道）

现在我们想问：通货膨胀真的是坏事吗？如果前面所述的例子是一种常态，我们是否应该追求一种相反的状况，即通货紧缩呢？

在现实中，一旦形成通货膨胀，便会持续一段时期，这种现象被称为通货膨胀惯性，对通货膨胀惯性的一种解释是人们会对通货膨胀作出的相应预期。因此，可预期到的通货膨胀对收入分配和财富几乎没有什么影响，如人们预期的通胀率为 3%，在订立有关合同时，厂商会要求价格上涨 3%，而工人与厂商签订合同中也会要求增加 3% 的工资，这样，在其他条件不变的情况下，每单位产品的成本会增加 3%，从而通货膨胀率按 3% 持续下去，必然形成通货膨胀惯性。值得注意的是，不是所有的通货膨胀都可以预期，在物价比较稳定的国家通货膨胀往往可以预期，但在物价波动比较大的国家，通货膨胀是不能预期的，这样造成的经济影响就会比较大。

历史经验和宏观经济学分析表明，通货紧缩也会导致整体经济运行困难重重。普通的通货紧缩自身并不特别有害。通货紧缩之所以会引发经济问题，是因为它导致货币政策变得无效。

通货紧缩导致物价下降，在一定程度上对居民生活有好处，但从长远看会严重影响投资者的信心和居民的消费心理，导致恶性的价格竞争，对经济的长远发展和人民的长远利益是不利的。通货紧缩往往伴随着生产下降，市场萎缩，企业利润率降低，生产投资减少，以及失业增加，收入下降，经济增长乏力等现象。

在这样的情况下，政府会增加银行储备金和降低利率来刺激经济发展，但是，如果价格水平下降很快，那么真实利率就会变得相对较高，比如说名义利率是 0. 25%，价格水平每年下降 3. 75%，那么真实利率是每年 4%，面对如此之高的真实利率，大家就不会拿钱去投资，而愿意储蓄，从而导致经济衰退。而且，当名义利率低到一定程度的时候，比如说降为零，人们还是不愿意投资，此时，政府根本无法使用货币政策。曾经在美国、欧元区、日本等地，尽管中央银行出台零利率和其他措施，通货紧缩仍然让人心神不安、痛苦不堪。

由此可见，使物价水平保持在适当的范围应当作为一个国家长期的追求，通货膨胀这个调皮的孩子，时而情绪高涨时而进入低谷，反复无常，我们都应该谨慎对待。

第三节　失业与通货膨胀：此消彼长？

20 世纪 60 年代的大多数经济学者都相信，“通货膨胀”与“失业”之间，存在着某种“此消彼长”的关系。于是，他们悉心构造各种理论模型（如著名的菲利普曲线），试图摸索其中的规律。凯恩斯主义解释法的基本观念为通货膨胀与失业率之间的关系，称之为菲利普斯曲线模型。这个模型在物价稳定度与失业率之间权衡：为了将失业率降到最低，可以允许一定程度的通货膨胀。菲利普斯曲线模型很好地描述了美国在 20 世纪 60 年代的状况，但却不足以诠释美国在 1970 年所遭遇到的通货膨胀与经济停滞同时出现的情况（我们称之为“滞涨”）。可见，那些曾经风靡一时的模型，后来都陆续被事实推翻了。

关于失业与通货膨胀的关系问题，萨缪尔森将菲利普斯曲线与弗里德曼的自然失业率概念结合起来加以解释。萨缪尔森认为，菲利普斯曲线分为短期曲线和长期曲线，短期曲线描述的是当失业率位于自然失业率以下，此时，失业与通货膨胀之间存在着此消彼长的对换关系；但长期来说，失业率正好位于自然失业率水平，上述对换关系不存在。

在经济社会中，每个人、每个企业，甚至每个行业，都是孤立的，所以当他们的工资收入增加时，他们无从判断，到底是他们的劳动力升值了，还是仅仅水涨船高，自己的劳动力和其他劳动力一同升值，而相互比值并没有改变。这种不确定性，是真实世界非常重要的特征，而正是由于这种不确定性，使通货膨胀对就业造成了影响。

预料之外的通胀影响就业

如果通货膨胀是在预料之内的，比如每个人都知道，各行业的工资每年将上涨5%，那么他们就不会跳槽，老板也不会多请工人干活，每个人都只会呆在原来最合适自己的地方。收入增加5%，谁也不会高兴，因为人人都知道，别的一切开支都将增加5%。

预料之外的通货膨胀就不同了！如果通货膨胀在意料之外，那么人们就会无所适从。老板的收入忽然增加了，到底是自己的烧饼越来越受欢迎，打败了对面的麦当劳呢，还是出现了普遍的通货膨胀，所有行业的收入都会同步增加，而自己只不过碰巧走在前头罢了呢？这是我们不知道，也没有办法知道的。

老板们通常会静观其变，但一段时间以后，他们就得采取行动。如果认为是自己本事增加了，那么他们就会扩张业务，增加聘用工人，从而带动一片繁荣。所以，每当出现“意外”的通货膨胀时，就业率就往往会增加。而相反，每当出现“意外”的通货紧缩时，失业率则往往会大幅度上升。

然而，我们应该认识到，失业率的上升，不是由于经济结构或劳动力结构发生了改变而造成的，而是由于人们接受了错误的信号而造成的。靠误导得来的“好景”是不长久的。烧饼店老板很快发现，其他的成本都追上来了，自己的实物收入并没有增加，而原先的扩张计划，则很可能因为后续资金跟不上而告吹。“意外”的通货膨胀，其危害就在这里：它扭曲了价格信号，使人们用错了资源。

诸位，时不时会有一些“著名专家”站出来说，要通过制造通货膨胀来提高就业率。这种说法大有问题。没错，“意外”的通货膨胀，的确会使

"就业率"上升，但那是因为公众受到价格波动的"误导"使然。那种繁荣是短暂而虚假的，真相很快就会大白，而社会则迟早要付出更大的代价，花费漫长的时间，来纠正被错误配置的资源。

正如哈耶克所说，通货膨胀能增加就业的效果是暂时的，一旦通货膨胀结束，或当它不再按足够的比率增加速度时，这些就业将会消失，并将引起新的失业。因此，用增加总需求的办法来保证长期内充分就业的观点是错误的。在哈耶克看来，由于通货膨胀一方面改变着各个生产部门和生产过程各阶段之间的货币分配，另一方面引起对物价进一步上涨的预期。这样，在通货膨胀过程中，"追加的货币供应，必定导致对各类商品和劳务的需求的相对力量的变化，对需求的这些变化，必定导致相对价格的进一步变化，和随之而来的生产方向与各生产要素（包括劳动在内）的分配的改变。"在这一变化过程中，通货膨胀造成了部分虚假的需求，扰乱了相对价格和工资体系，给了劳工许多错误的信息，把他们暂时吸引到一些工作岗位上去。

这些被误导的劳工能否继续就业，取决于通货膨胀是否继续进行。通货膨胀持续的时间越久，其工作依赖于持续的和加速度的通货膨胀的劳工人数就越多。这并不是因为没有通货膨胀他们就找不到工作，而是因为他们被通货膨胀误导到暂时有吸引力的工作中去，这部分就业在通货膨胀放慢或停止之后就会再次消失。因为，"在经济体系的某些方面连续注入追加的货币量，能在那里创造暂时的需求。而当货币数量的增长停止下来或放慢的时候，再加上预期物价不再继续上涨，或长势减慢，这种需求必定终止。而追加的货币量的连续注入，会把劳动和其他资源投入就业，这种就业只有在货币数量按同一速度继续增长或者加速增长的时候才能维持下去。但这一政策所带来的就业不可能无限期地维持下去，在过了一些时间之后，它只能靠一个会导致整个经济活动彻底混乱的通货膨胀率来维持。"

他还认为，加速度的通货膨胀已把经济带到了一个危险的境地，或是悬崖勒马，或是全面崩溃，别无他途。到达这种境地后，无论选择哪一条路，出现大量失业都是必然的，这是社会错误政策深为遗憾但无法回避的后果。这样，通货膨胀一方面通过破坏市场机制，导致供求失调，造成资源在极大范围内的配置不当，使大规模失业在所难免；另一方面，扰乱了相对价格和工资体系，产生许多错误的信息，将劳工引导到并不是社会真正重要的部门中，劳工错误地在部门间转移，实际上加剧了劳工市场的矛盾。因此，哈耶克认为，通货膨胀是失业增加的原因，而不是治理失业的药方。“现在的失业乃是过去 25 年实行所谓充分就业政策的直接的、不可避免的后果，许多人仍然错误地相信，总需求的增长，将消除暂时失业。他们没有意识到，这种办法尽管暂时奏效，但在以后会带来更多的失业。”另一方面，大量增加的失业反过来又加剧了通货膨胀，公众向政府施加压力，并随时有可能触发政治动乱。因此，当政府许诺承担充分就业的责任时，为了维持较低的失业率，只能继续增发货币并不断地提高货币工资，在这种情况下，超过生产率增长的每一次工资提高，都必将使总需求增长，因此，货币数量的经常注入成为持续不断的过程，致使通货膨胀愈演愈烈。

于是，持续的通货膨胀带来了更大的失业，而失业急剧增加又促发了更严重的通货膨胀。70 年代的通货膨胀便是这种恶性循环的结果。哈耶克认为，“我们在通货膨胀与失业之间并无实质性关系，正如我们在吃得过饱和消化不良之间没有多少实质性关系一样，虽然在吃的过程中饱餐一顿可能令人很愉快，但消化不良将随之而来。”

第十章 不可避免的经济连锁反应
——乘数与加速原理

第一节　乘数原理：投资变化如何影响收入

我们可能经常会听说或者感受到一国的产出、商品价格以及失业情况在频繁且无法预测地波动，一般认为这是由经济周期波动所导致的。正如不久前突如其来的金融危机，给全球经济造成了难以估量的影响。这次危机正是源于人们对未来经济将更加悲观的预期，这种悲观情绪导致了全球货币币值出现了较大程度的贬值，经济总量与经济规模急剧减小，经济增长受到打击。

与此同时引发的连锁反应就是企业大量倒闭，失业率提高，社会普遍的经济萧条，甚至有些时候伴随着社会动荡或国家政治层面的动荡。产出急剧下降、失业率高涨，经济衰退的状况展现无遗。对于此次金融危机的原因众说纷纭，但较多人一致认为是由美国房地产泡沫促成的，由于人们疯狂投资房地产，期待虚幻的高回报，最终导致房地产市场的崩溃，引发了美国的次贷危机，此次危机最终扩展为全球性的金融危机。详细说来，2008 年金融危机的源头是美国的房地产市场开始在 2006 年转差，美元利率多次加息，令次级房屋信贷（即一些贷款机构向信用程度较差和收入不高的借款人提供的贷款）的拖欠以及坏账增加，次级房屋信贷产品的价格大跌，直接令欧美以及澳洲不少金融机构都出现财政危机，甚至面临破产，牵动全球信贷出现收缩。部分基金为了应付客户大规模赎回潮，于是借日元平仓，此时大举投资的方法再行不通，只能卖货套现，最终造成连串的骨牌效应，导致全球股市大跌。

从上面的描述，我们可以知道美国次贷危机就是此次金融危机的导火索，那么，次贷危机背后的经济学原理是什么呢？本章我们将运用萨缪尔森的“乘数—加速数模型”来解释经济为什么会周期性地波动，以便我们更深层次地了解一切危机的根源，也有利于增强我们对未来经济发展的预见性。

以萨缪尔森为代表的新古典综合派吸收了哈罗德和多马的经济增长理论（哈罗德—多马经济增长模型），在宏观经济学中增加了动态的和长期的研究。后来，经济增长理论成为宏观经济学一个重要的分支，对经济增长的研究直到现在仍然是不断深入的一个重要的课题。动态的和长期的宏观经济研究的另一个重要课题是经济周期问题。在新古典综合派的理论中，萨缪尔森的“乘数—加速数模型”就是一个典型的例子。

何谓乘数原理

从上面的引入中，我们知道了本章的主题，那么，究竟什么是乘数原理或理论？何为加速原理？二者怎样发生作用导致经济周期性波动的？这些都将是我们本章要一一回答的问题。

我们将在本章第一部分中看到，在投资方面的支出增加是如何提高消费者收入的，从而导致一种在未来支出上的逐渐递减但又总体放大的连锁反应。投资的变动由此可以视为对产出的乘数化增长。乘数原理是说明在一个存在资源闲置的经济中，对于投资、外贸、政府税收和支出政策等各种冲击会怎样影响产出和就业水平。

需要说明的是，我们本章所指的投资是经济学中的定义，主要指实业中的固定资产投资，而不是我们日常所说的股票、债券、基金等金融投资。

对乘数原理的分析作出最大贡献的经济学家是卡恩（1931）、凯恩斯（1936）和卡莱茨基（1971）。卡恩最先提出了乘数的概念，但是他主要用乘数概念来说明投资变化对就业变化而不是收入变化的影响。真正将乘数概念用于分析投资对收入变化影响的是凯恩斯。

凯恩斯的乘数理论是一种以边际消费倾向为基础，说明投资和收入之间存在倍数关系的理论。其基本内容是：投资变动给国民收入总量带来的

影响，要比投资本身变动更大，这种变动往往是投资变动的倍数。也就是说当总投资增加时，收入的增加量会等于 n 乘以投资的增加量。这里需要注意的是边际消费倾向，前面也说过，它是指增加的消费和增加的收入之间的比率，也就是增加的 1 单位的收入中用于增加的消费部分的比率。边际消费倾向被用于描述由于收入变化，导致消费者对某产品的消费额的变化幅度大小。

但是，边际消费倾向并不一定介于 0 到 1 之间。当消费者对产品的消费额与消费者的收入同时增加或减少时，边际消费倾向为正；当消费者对产品的消费额与消费者的收入变化方向相反时，边际消费倾向值为负；当消费者对某产品的消费额不发生变化时，无论收入改变多少，边际消费倾向都不改变。

由于各经济部门是相互关联的，所以某一部门的一笔投资不仅会增加本部门的收入，而且会在国民经济各部门中引起连锁反应，从而增加其他部门的投资和收入，最终使国民收入成倍地增长。注意，我们本节所说的投资变化都是外生的变化，即它的变化是我们给定的不包括经济其他变动自发导致的投资变动。说了这么多，投资变动对产出的乘数效应到底存在怎样的传导机制呢？下面的例子将给予说明。

假设我们用闲置资源建造了一幢价值 1000 亿元的大楼，我们的开发商、供货商以及工人等相关人员就会增加 1000 亿元的收入。但事情并没有到此为止。如果他们的边际消费倾向均为 2/3，则他们会支出 666.67 亿元购买消费品。因而这些消费品的相关生产者就会获得 666.67 亿元的收入，如果他们的边际消费倾向也是 2/3，则他们又会支出 444.44 亿元，或者说 666.67 亿元的 2/3。这个过程会一直持续下去，每一轮的支出都是上一轮收入的 2/3，虽然每一轮都是递减的，但整个过程下来总收入却是逐渐增加的。由于这些收入是一个公比为 2/3 的等比数列，用等比数列求和公式就可以得到这些收入之和即总收入为 $1000\times[1/(1-2/3)]=3000$ 亿元。

这样我们最初的 1000 亿元的投资就导致了一系列次轮的再消费支出。尽管这一系列的再消费支出永无止境，但其数值却一次比一次减少。最终的总和是一个有限的数值。这就说明如果边际消费倾向等于2/3，则乘数为3，它包括最初的投资1倍和由此引发的一系列次轮消费2倍。

将其一般化，若投资增加为△I，则这笔投资（△I）首先成为投资物品生产者的收入；后者根据既定的边际消费倾向将收入的一部分用于增加消费，使这部分消费开支成为某些消费品生产者的收入；而这些消费品生产者又按照既定的边际消费倾向将收入中的一部分用于增加消费，又使这些消费开支成为另一些消费品生产者的收入。依此类推下去，则最终引起的总收入的增加额，可达到最初投资增加额的数倍，其倍数（或乘数）的大小将视边际消费倾向的大小而定。从上面的例子，我们也可以猜测，这个乘数值其实是边际储蓄倾向的倒数。

所以，只要边际消费倾向或边际储蓄倾向一定，便可知任何投资将最终引起收入增加的倍数。而且，乘数的大小直接取决于边际消费倾向数值的大小。边际消费倾向的数值越大，乘数数值也越大；反之，乘数数值就越小。它说明一次投资的变动会对需求、就业、收入产生连锁效应。

说到这里，我们不得不说，其实除了投资对收入具有乘数效应，财政政策（税收和政府支出）、出口也都会对总收入有乘数影响。

例如，同投资乘数的循环作用类似，增加政府支出可以扩大总需求，进而一轮一轮地增加居民收入，最终增加GDP；相反，减少政府支出可以缩减总需求，减少GDP。GDP增加或减少的规模取决于乘数的大小，而乘数的大小，是由边际消费倾向所决定的。

又比如，如果政府增加税收，这将导致居民的可支配收入减少，收入减少人们自然会缩减消费和投资。一个部门收入的下降又会引起另一个部门收入的下降，如此循环下去，国民收入就会以税收增加的倍数下降，这时税收乘数为负值。相反，由于减少了税收，使私人消费和投资增加，从而通过乘数影响国民收入增加更多，这时税收乘数为正值。一般来说，税收乘数小于投资乘数和政府公共支出乘数。

明白了上述原理，我们便可以通过控制投资、政府支出、税收等变量来达到控制经济的目的，当经济过快时，可以利用减少投资、政府支出或者增加税收来达到减缓经济的目的，相反当经济处于衰退时，我们可以反向操作来刺激经济增长。

小链接

运用乘数原理来实现我国国民收入增加的方法

- 通过增大乘数来增加国民收入

从短期来看，我们可以通过增大乘数来实现国民收入增加，也就是增大边际消费倾向，相对的就是减小边际储蓄倾向。目前，我国储蓄额持续增加，到2006年已经达到14万亿元，人均储蓄额超过1万元，消费潜力巨大。所以，要扩大乘数，便需要提高边际消费倾向，最终也就是要求刺激消费。刺激消费途径很多，如：降低银行存款利率，征收利息所得税；进行住房货币化改造；适当调整教育收费；大力发展旅游业，搞好假日经济；提高最低生活保障水平，增加对下岗职工及离退休人员的补贴；适当降低普通商品消费税，同时征收特种商品消费税；征收遗产税；适当提高生活必需品价格，降低非必需品价格；开展消费信贷业务等。

然而，从较长远、持续的角度来说，解决问题的关键，则是需要加强社会保障体系建设，完善保险市场。通过加强社会保障体系建设，完善养老、待业、医疗保险市场，加强住房公积金建设，来解除群众的后顾之忧，这样才能改变中国目前储蓄过高，而消费相对不足的状况，让人们敢于拿出更多的钱消费，增大边际消费倾向，增加国民收入。

- 通过增加投资实现国民收入的增加

从长期看，边际消费倾向处于稳定状态，则乘数一定，就需要增加投资来提高国民收入。首先，政府支出仍作为投资的一个重要来源，具有引导投资方向、优化投资结构的重要作用。近几年政府实行了积极的财政政策，加大政府投资的力度，从而带动了更多的民间投资，刺激了经济的发展，拉动了经济增长，出现了投资乘数效应。因此，应继续在投资方向上发挥政府的引导作用，退出竞争性投资领域，发展基础性投资。其次，积极引进外资是我国改革开放以来扩大投资的一个主要来源。实践证明，引进外资在我国国民经济的发展、对外贸易的扩大方面占有不可替代的地位。最后，就是营造民间投资环境，刺激民间投资，充分利用国内民间资本，在促进国民经济发展方面发挥积极作用。

- 千方百计增加出口，积极吸引外资

从长期看，增加国民收入的另一个途径就是扩大出口，增加净出口额。中国加入WTO，面临着前所未有的机遇与挑战，必须抓住机遇，与国际经济机制接轨，改善出口产品结构，增加高附加值产品出口比重，改善贸易条件，通过对外贸易带动国民经济高速健康地发展，增加国民收入。在提高出口退税率余地不大的情况下，可以采用及时退税、足额退税的办法，解决由于出口退税滞后带来的部分资金周转困难的问题。在出口信贷方面采取鼓励措施，扩大出口。同时，积极利用WTO给予发展中国家的优惠政策，扩大出口，优化出口产品结构，改善贸易条件。积极协调与各国贸易交往，为企业及时提供有关信息，帮助企业快速成长。积极应对贸易摩擦，参与游戏规则制定，尽量争取有利的贸易环境，为本国产品顺利走向世界扫清障碍。积极创造条件，吸引外资特别是跨国公司投资于高新技术产业，参与国有企业改组改造和基础设施建设。加快研究制定外商以并购方式参与我国企业改组、改造的政策措施。通过大力引进外资，带动国民经济发展，增加国民收入。

- 加大转移支付力度，财政资金要向扩大消费方面倾斜

从目前我国投资增长加快、需求回升的情况看，实施积极的财政政策、增加投资是完全必要的。然而，当前我国经济发展的主要“瓶颈”是消费不足，由此带来了生产能力过剩、社会投资者积极性不高等问题。因此，发挥财政资金在扩大消费方面的积极作用也是必须的。在操作上，财政收人稳定增长和确保增加机关事业单位职工工资的同时，加大转移支付力度，增加支持农业、提高农民收入和扩大社会保障基金的投入，促进消费需求快速增长，并研究通过减税措施支持经济增长的具体办法。

从上面的分析，我们便会对近年来政府采取的各种扩大内需的政策有

一定的认识，敏锐的读者可能会根据一定的经济状况预测政府的政策风向。但实际的政策制定过程要复杂得多。前面提到，我们在讨论乘数原理时，做了一些假设。

首先，乘数发挥作用，以资源未得到充分利用为前提，或以不存在“瓶颈产业”为条件。

第二，乘数是一把双刃剑。利用它可以引起国民收入的数倍增加，也可以引起国民收入的数倍减少。

第三，投资和购买支出的增减影响需求乃至国民收入时，首先要考虑实际 GDP 与潜在 GDP 差额的大小，其次要考虑乘数的大小，以便为乘数发挥作用留有余地。

第四，上述分析以价格不变为假定前提，在实际生活中价格的变动将抵消部分乘数效应。

第五，上述模型是对现实生活的简化，没有考虑货币和信用对消费和投资的影响。

最后，还需要指出的是，乘数模型是第一个发展出来的完整的短期产出决定模型。但它对于经济的描述却过于简单化，是一种静态分析模型，无法对经济周期进行分析，也无法结合加速原理去说明经济的积累运动过程，因为这些问题只有通过动态分析方法才能解决。

第二节　加速原理：收入变化如何影响投资

上一节介绍了乘数原理，它主要说的是投资等支出的变化会引起总收入的成倍变化。那么，反过来，收入的变化会不会引起投资的变化呢？答案是肯定的。本节的加速原理就说的就是收入对投资的作用。

何谓加速原理

我们先来看看一个实际生活中的例子。

一个纺织厂现有织布机 10 万台，且机器都没有闲置，每台机器的寿命为 10 年，按通常的直线折旧法计算，企业每年需要更新的织布机为 1 万台。如果人们对布匹的需求增长 10%，那么该厂对机器的需求就会由每年的 1 万台增长至 2 万台。结果，由于消费品（布匹）需求每年增加 10%，导致了资本品（织布机）需求增加了 1 倍（由每年 1 万台变为每年需要 2 万台）即增加了 100%。

可见，当制成品的需求增长时，投资品的需求将会发生更大幅度的增长。

因此，如果社会上没有闲置的资本设备，对于消费品的需求发生变动，将会引起对生产该项消费品所需的资本品产生倍数的变动，这种现象我们称之为加速原理。

首先，我们要记住一点，净投资的变化引起的资本存量的变动。同前面投资的定义一样，我们这里指的资本、资本存量，也不是我们常说的钱这个概念，它是指资本存量，在一定时点上所积存的实物资本反映在一定时点上人们所实际掌握物质生产手段。同时资本存量是已投入企业的各类资本的总和。它以资产形式存在又叫资产存量。根据它在生产过程中所处的状态可以划分为两类：即正在参与再生产的资产存量和处于闲置状态的资产存量包括闲置的厂房、机器设备等。

比如，上面的织布机存量为 10 万台，如果我们再投资 1 万台，那么，资本存量（即织布机存量）就变为 11 万台。

对大多数企业来说，资产存量中有一大部分是固定资产，由于固定资产随着生产的消耗和时间的推移会被逐渐磨损，所以，企业需要计提折旧费用来重新购买设备，即需要重置投资又称折旧的补偿。

这里需要引入总投资和净投资的概念。总投资为维护和增加资本存量

的全部投资支出。净投资则是指为增加资本存量而进行的投资支出，即实际资本的净增加，包括建筑、设备与存货的净增加，也就是说本期净投资等于本期资本存量减去上期的资本存量。那么，本期总投资等于本期净投资加上重置投资即折旧。

比如，你自己拥有一个纺织企业，去年的资本存量为100万元（包括固定资产、流动资产等），由于市场的开拓，市场需求增加，你打算扩大生产规模，原有的产能已经充分利用，因此，需要购买一套新纺织设备。如果一套设备价值20万元，每套可以用20年，那么，按直线折旧法，每年折旧1万元，则此刻原有的那套设备存量变为19万元，所以，今年的资本总存量为99万元加上20万元即119万元，而去年是100万元，那么，可以得出今年的净投资为19万元，而总投资为20万元。

与加速系数相关的另一个概念是资本——产量比率，即生产一单位产量所需要的资本量，或者资本量与产量之比。

另外，这个加速理论假设厂商都力图使其希望的资本存量与预期的产出之间保持固定的比率，我们设这个比率为v，那么，每期的资本存量是预期产出的v倍。由于，净投资是两期资本存量之差，那么，可以进一步得出，净投资是预期产出变动量的v倍，此时，加速数就等于v。可见，在技术不变的条件下，加速系数与资本—产量比率的数值是相同的。

还有一个常识是，通常我们要生产一批产品，一般要求投资的设备等资本存量要大于当年的产出量。原因是：在没有闲置生产能力的条件下，如果实际GDP增加，必然会增加消费支出，提高社会有效需求。为了满足新增的有效需求，需要进行新的投资，从而引起资本存量的增加。因为现代生产具有迂回生产的特点，即为了生产一定产量首先要大量投资于厂房与设备等资本品，并且资本存量的增量要大于实际GDP的增量，所以加速数大于1，产量变动引起的投资变动大于产量变动本身。这就是说，当实际GDP增加时，要求投资有更大的增加，反之，要求投资有更大的减少。

可见，当加速数一定时，净投资量与产出的变动成比例。而按照凯恩斯的理论，产出由有效需求决定，其中很重要的变化就是消费需求，所以，我们通常认为，消费的增加也会引起投资的增加。

我们上面推导的是一般的投资决定，由于我们投资都是在产出之前，所以，为了决定当前投资多少，一般是要先预测下一年的产出量，通过这个预测量来推算我们本期应该投资多少，这就进一步看到加速原理的实质。所以说，如果产出波动剧烈，就将会导致投资更剧烈的波动。

加速原理表明企业固定投资与产量之间的关系，从整个经济来看，也就是投资与实际国民生产总值之间的关系。在经济学上指收入变动或消费需求的变动引起投资变动的理论。当满足不存在闲置未用的过剩生产能力和资本—产出比不变的两个假定前提时，产品需求增加引致产品生产扩大，为了增加产量，就要求增加资本存量，则要求有新的投资。也就是说收入或消费需求的变动导致投资的数倍变动。它的实质是，对资本品的需求是一种引致需求，对产出量需求的变化会导致对资本存量需求的变化，从而引致投资。因此，它的特点是强调预期需求的作用，而不强调投入的相对价格或利率的作用。

尽管加速原理的前提是技术不变，没有考虑技术进步的因素，但在实现了充分就业，即资本设备得到充分利用的条件下，加速原理在现实中是能够发生作用的，这一点对解释许多宏观经济现象是极为重要的。

小链接

“十一五”时期固定资产投资为保障我国经济快速协调发展作出了重大贡献

“十一五”是我国全面建设小康社会的关键时期，也是我国经济社会发展极不平凡的5年。5年间，我国国民经济经受住了国际金融危机、汶川地震等一系列历史罕见的严峻挑战，保持了持续、稳定、快速增长，综合国力不断增强。5年来，针对经济社会生活中出现的问题，国家通过及时调整财政政策、货币政策和产业政策，灵活运用经济手段、法律手段和一定的行政手段，固定资产投资保持了平稳较快的发展态势，投资结构调整取

得了积极进展，工业生产能力进一步提高，部分行业投资增长过快的势头得到遏制，基础设施建设和社会事业建设等薄弱环节得到了进一步的加强，城乡面貌极大改善，人民生活水平日益提高。“十一五”时期固定资产投资为保障我国经济快速协调发展作出了重大贡献，特别在应对国际金融危机保增长中发挥了极为关键的作用。

“十一五”时期全社会固定资产累计完成投资［1］922889 亿元，2006 年以来 5 年的增长速度分别为：23.9%、24.8%、25.9%、30% 和 23.8%，年平均增长速度为 25.5%，仅次于“八五”时期的 36.9%，是改革开放以来增速较高的一个时期。“十一五”时期，城镇固定资产累计完成投资 794907 亿元，年均增长 26.1%，增速比“十五”时期提高 4.4 个百分点；农村固定资产累计完成投资 127982 亿元，年均增长 21.7%，增速比“十五”时期提高 7.9 个百分点；城镇完成投资占全社会完成投资的比重由 2005 年的 84.6% 提高至 2010 年的 86.8%。

资料摘自：《“十一五”经济社会发展成就系列报告》

第三节　繁荣与萧条的循环往复：经济周期

在市场经济条件下，企业家们越来越多地关心经济形势，也就是“经济大气候”的变化。因为一个企业生产经营状况的好坏，不仅受到内部条件的影响，更会受到外部宏观经济环境和市场环境的影响。一个企业，无力决定它的外部环境，但可以通过内部条件的改善，来积极适应外部环境的变化，充分利用外部环境，并在一定范围内，改变自己的小环境，以增强自身活力，扩大市场占有率。因此，作为企业家对经济周期波动必须了解、把握，并能制订相应的对策来适应周期的波动，否则将在波动中丧失生机。我们一般的民众也都在密切关注经济的风向，以便更好地安排自己的储蓄和投资计划，以应对未来的各种不确定性。尤其是，全球金融危机出现后，各国的经济均出现了衰退迹象，于是很多人都在担心中国经济是不是也会因此进入衰退呢？

部分学者研究指出，中国经济与世界经济的相关程度还相对较低。为什么呢？对中国而言，经济开放程度与发达国家相比还相距甚远，汇率机制本质上是固定汇率，国际贸易的自由度不高，资本账户还在实行管制，中国经济周期与美国等西方发达国家的经济周期的相关性低是情理中的事，决定中国经济周期波动的关键力量来自中国经济自身，尤其是因投资者投资动力缺乏带来的失业率上升是中国经济周期不能继续维持回升势头的根本原因。投资者投资动力的缺乏，一是由于对投资者投资收益的保障不力，二是若干投资领域缺乏充分的公平的竞争。政府应尽早从竞争性行业中退出，专心致志地做好社会保障和社会福利事业。三是经济制度创新乏力。中国改革开放以来经济强劲增长的源泉在于经济制度的不断创新，只有在企业制度、金融制度、市场准入制度等方面进一步创新才能使中国经济长盛不衰。

因此，我们可以运用萨缪尔森的乘数—加速模型来分析投资与产出之间如何相互作用而导致经济波动的，以便我们更好地把握经济的周期性，更好地进行投资决策。

如何把握经济周期

到底什么是经济周期？经济周期是怎样形成的，有何规律可把握？

经济周期，也称商业周期、商业循环、景气循环，它是指经济运行中周期性出现的经济扩张与经济紧缩交替更迭、循环往复的一种现象，是国民总产出、总收入和总就业的波动。

针对凯恩斯在《通论》中提出的“投资乘数论”和“就业乘数论”，

汉森认为，乘数论不足以说明问题，原因是乘数论没有说明一定量的投资如何引起收入和就业的增加，也没有明确收入（或消费）的变化如何引起投资的变动。因而只有把加速原理（关于收入或消费量的变化如何导致投资量变动的理论）和乘数论有机地结合起来，才能充分估计乘数的作用，并解释经济增长中的周期波动现象。

萨缪尔森注意到了乘数论和加速原理相互作用的关系，他在导师的提示下巧妙地把两者合为一体，于 1939 年发表了他的处女作《乘数分析与加速原理的相互作用》，并首创经济波动的模型，指出政府开支对国民收入的重大作用。西方经济学界认为，这一开创性的研究是他在经济周期理论方面的重要贡献之一。

通过前面两节的介绍，我们知道，在国民经济中，投资与国民收入是相互影响的。乘数原理说明了投资变动对国民收入变动的影响，而加速原理则说明国民收入变动对投资变动的影响。

在萨缪尔森之前，经济学家哈罗德就已经将乘数—加速原理运用于经济周期分析，他认为边际储蓄倾向、利润在收入中所占的份额和资本对收入的比率，这三个因素在经济中发挥作用导致经济由繁荣转向衰退。我们先对此作简要分析。

哈罗德认为，随着经济的增长和收入的增加，消费的增长率会逐渐下降。这也是可以理解的，当我们收入比较少时，增加一点收入用于增加消费的比重会大一些，但是当你的收入水平达到一定高度后，你的消费增加就不会与收入增加成固定比例了，也就是说你的边际消费倾向是递减的。比如，比尔·盖茨的收入现在还在不断增加，但他的消费水平不会变化很大。所以，边际消费倾向不断下降，从而导致工人对消费品的有效需求不足；另一方面，资本家的利润在整个收入中的份额相对于工人工资的份额不断上升，这也会造成整个社会的边际消费倾向下降，使整个社会对消费品的需求下降。

然后，消费增长率的下降，必然对乘数和加速数发生作用，从而引起投资进一步下降。边际消费倾向的下降意味着乘数的数值减少，导致投资增长对国民收入的作用减弱。另一方面，它还将导致消费品的需求不足以及对消费品和资本品投资的加速度下降，从而引起经济危机。一旦经济到达低谷后，复苏就可能来临。就如，黎明前的黑暗，暴风雨后，将是彩虹。

然而，萨缪尔森认为，哈罗德的观点不符合逻辑，且过于简单。他认为，在乘数和加速数的相互作用下，经济会处于一种不断循环的周期运动之中，且只要加速原理起作用，不论乘数和加速数是否变化，经济本身都会处于一种不断的周期性运动之中。

读到这里我们的读者可能还会想，既然经济的周期性是固有的，我们研究它有何意义呢？殊不知，只有掌握了经济的规律，我们才能未雨绸缪，提前做好准备，以便在经济繁荣时获得更多的收益，在经济衰退前做好准备，将损失降到最低。

那么，到底乘数和加速原理怎样作用，导致经济的周期性呢？

乘数—加速模型怎样导致经济的周期性

乘数—加速模型告诉我们，在经济中投资、国民收入、消费相互影响，相互调节。如果政府支出为既定（即政府不干预经济），只靠经济本身的力量自发调节，那么就会形成经济周期。周期中各阶段的出现，正是乘数与加速原理相互作用的结果。而在这种自发调节中，投资是关键的，经济周期主要是投资引起的。

汉森和萨缪尔森建立这一模型实际上是将时间因素引入国民收入决定模型，把国民收入决定理论动态化了。在封闭经济中，从支出角度来说，国民收入，由消费、投资、政府支出构成。在这里很多读者可能会晕了，前面说可支配收入等于消费加上储蓄（这里不可支配收入即总收入扣除了税收之后），这里怎么又说收入等于消费加上投资再加上政府支出？

其实，正如前面说的，一个是从收入的角度说的，一个是从支出的角度说的，我们每个人的可支配收入一边用来消费，余下的就是储蓄（包括常说的理财投资，从某个角度说它属于人们的储蓄）。而从整个社会的支出来说，所有的国民收入，一方面用于消费支出，一方面用于投资支出（指私人的)，还有就是政府支出。

萨缪尔森使用国民收入变动序列表，得出了两点结论：

(1) 在国民收入中，投资、消费和收入是相互影响相互制约的。如果自发投资是一个固定的量，依靠经济本身的调整，就会自发形成经济的周期波动，经济的扩张与衰退正是乘数与加速数原理结合的作用决定的。

(2) 为了减少经济的周期波动，以维持经济的长期稳定，政府有必要对经济进行干预。干预的办法是，影响私人投资或者影响劳动生产率的提高，或者影响人们的消费在收入增量中的比率。

通过上面的例子，我们可以知道，乘数与加速原理相互作用引起经济周期的具体过程是：投资增加通过乘数效应引起国内生产总值的更大增加，国内生产总值的更大增加又通过加速效应引起投资的更大增加，这样，经济就会出现繁荣。然而，国内生产总值达到一定水平后由于社会需求与资源的限制无法再增加，这时就会由于加速原理的作用使投资减少，投资的减少又会由于乘数的作用使国内生产总值继续减少。这两者的共同作用又使经济进入衰退。衰退持续一定时期后由于固定资产更新，即大规模的机器设备更新又使投资增加，国内生产总值再增加，从而经济进入另一次繁荣。正是由于乘数与加速原理的共同作用，经济中就形成了由繁荣到衰退，又由衰退到繁荣的周期性运动。

其实，这就像我们平时吹气球一样，不断吹气进去，气球会慢慢变大，但是，气球的弹性会有最大承受力，当吹的气使里面的气压超过了气球的承受能力，气球就会破。此时，只有新买一个气球重新吹。我们的经济就跟气球一样，资源是有限的，经济也有一个最大承受能力，当被刺激得过于繁荣，它会崩溃，一切得重新再来，重新再来就需要花钱购买新设备，即投资。

该模型的结论是：政府可以通过干预经济的政策来影响经济周期的波动。利用政府的干预（比如政府投资变动）就可以影响减轻经济周期的破坏性，甚至消除周期，实现国民经济持续稳定的增长。

可见，乘数—加速原理相互作用理论是把投资水平和国民收入变化率联系起来解释国民收入周期波动的一种理论，是最具影响的内生经济周期理论。

资本主义经济周期的本质

通过这个理论我们只是表面上理解了经济为什么会出现周期性波动，但我们这里必须提出，问题的本质还在此模型的背后。

在经济危机的条件下，生产和销售量下降，加速原理的作用会使得投资急剧下降，而乘数的作用又使得生产和销售进一步急剧降减，后者再通过加速原理的作用会使得投资成为负数（或负投资）。加速数和乘数的相互作用，加剧了生产萎缩的累积过程。一旦当企业的资本设备逐渐被调整到与最低限度的收入相适应的水平，加速原理的作用会使负投资停止下来，投资状况的稍许改善也会导致收入重新增长，于是一次新的周期便重新开始。收入的重新增长，又通过加速数的作用，导致新的“引致投资”；后者又通过乘数的作用，促使收入进一步急剧增长，这便开展了经济扩张的累积过程。这个累积过程会把国民经济推到“充分就业”的最高限，并从那里弹回来而转入衰退。宏观经济学把经济的周期性波动，完全归咎于收入和投资二者之间“加速数”和“乘数”相互作用的结果。尽管所谓“乘数”效应或“加速数”效应是社会化生产的再生产过程中存在的一些客观机制，会在一定程度上影响着资本主义经济波动的进程，但资本主义周期性经济波动的根源在于资本主义制度本身，在于资本主义所固有的基本矛盾——社会化生产和私人资本主义占有的矛盾。

最后，需要指出的是乘数、加速数作用在现实生活中的限制因素：

（1）乘数作用的发挥在现实生活中的限制因素有：

①社会中过剩生产能力的大小。若生产能力已被充分利用，没有闲置资源，则投资增加及由此造成的消费支出增加，并不会引起生产增加，而只会刺激物价水平上升。

②投资和储蓄的决定是否相互独立。若不独立，乘数作用就小得多，因为投资引起的对货币资金需求的增加会使利率上升，而利率上升会鼓励

储蓄，排挤消费，部分抵消因投资增加引起收入增加进而使消费增加的趋势。

③货币供应量的增加能否适应支出的需要。若货币供应量受到限制，投资和消费支出增加时，货币需求的增加得不到满足，利率就会上升，抑制消费和投资，使总需求降低。

（2）加速数作用的发挥在现实生活中的限制因素有：

①生产能力是否全部运转。在实际生活中，经常出现设备闲置现象，即使消费需求提高了，也可通过利用现有设备的过剩能力来解决，而不一定需要追加投资，使加速数作用大为削弱。

②预期的影响。企业通常会出于预期而主动增加或减少存货，当消费需求随收入增加而增加时，就不一定会引起生产的扩张。

③时滞的影响。考虑到设备生产所需时间，消费对投资的带动并非像加速原理描述的那样立竿见影，使加速作用大打折扣。

④资本—产出比率的变动。在现实中，随着这一比率的下降，投资波动的幅度也会变小。

由于上述种种原因，现实中投资与总产出的关系并没有理论上的那种绝对的乘数和加速数关系，这一方面也可能会导致经济繁荣与衰退的时间与预测的出现差异。

小链接

二十世纪九十年代日本经济衰退

1992 年至 2001 年的 10 年间，日本实际 GDP 年均增长率仅为 1.6% 左右。2001 年，日本经济再度出现 0.6% 的负增长。像日本经济辉煌时期引起世界瞩目一样，日本 10 年来的经济低迷，也引起了世界的广泛关注。这一方面是因为日本身为世界第二经济大国，它的经济发展状况对国际贸易、金融、投资等有着多方面的影响，但更重要的一方面是日本的实践提出了许多值得研究的经济问题。

随着日本经济的复兴与增长，到20世纪70年代末80年代初，日本已成为世界经济大国。日本经济地位的变化，造成日本经济发展的外部环境急剧变化。日本与欧美各国之间的贸易摩擦日益尖锐，日本的产品出口更加困难。到20世纪80年代后期，欧美国家进一步加强了对贸易的限制措施，要求日本“自主”限制出口，并采取反倾销、使日元升值等措施，以减少日本对欧美国家的贸易顺差。特别是在1985年9月22日，美、英、法、西德和日本5国财长和中央银行行长达成降低美元汇价的《广场协议》后，日元升值如脱缰之马，一发而不可收。1985年，原来1美元兑换263日元，当年即降到200日元以下，1986年又降到152日元，1987年更进一步降到121日元。两年间日元升值1倍以上。这一状况给日本出口企业带来巨大困难，有的不得不宣布破产，使日本的出口能力大大下降。像自然界一切事物一样，日本经济增长速度的下降，有其客观必然性。

第一，企业生产能力过剩。大规模的设备投资，曾是支撑日本经济高速增长的最重要因素。但当时，这个因素的作用大大减弱，日本许多产业的生产能力已经严重过剩，迫使企业不得不削减设备投资。1998年度日本的民间企业设备投资比1997年度缩减了12.4%。日本企业的过剩设备和过剩投资，造成国内供大于求的局面，阻碍企业进行产业结构的调整。

第二，科技创新的后劲不足。作为一个追赶型的国家，日本的经济发展，主要是靠引进欧美国家的科技成果加以消化和创新而取得的，而在很大程度上忽视了对基础科学和高新技术的研究。因此，在当今需要技术创新的情况下，日本就没有了这方面的后盾。日本科研经费投入虽然也不少，但是80%以上来自私人企业，因而长期重技术开发，轻科学研究。而且，在广泛吸收和引进国外优秀的技术人才方面，日本的吸收能力远不及美国。

第三，产业结构调整滞后。日本在战后形成的追赶欧美型的产业结构，日益暴露其局限性。主要问题在于相对优势产业、相对劣势产业和非贸易部门之间存在生产能力和效率之间的巨大差距，形成日本产业结构上的“三重构造型”。劣势产业方面的输入低于优势产业的输出，产生了大量的贸易赤字，带来日元升值的压力；优势产业必须进一步提高生产能力和效

率。如此循环，造成国内的“产业空洞化”现象，国内各部门成本的提高，限制了新兴产业的创立。

第四，经济体制调整失误。日本是政府主导型的市场经济国家，战后为了弥补市场缺陷，政府实施了广泛的国家规制。但是，随着经济结构的变化、科技的进步以及信息化和全球化在全世界的迅速发展，当初政府建立规制的基础已开始弱化，规制体系的消极作用日益显露。国家规制的大量存在，使市场经济机制的作用受到限制；后发效应的消失和“制度疲劳”的出现，使违背市场经济原则带来的问题暴露无遗。

第五，金融机构存在巨额不良债权。高新技术要想转化为现实的生产力，必须有金融业，尤其是风险投资的大力支持。“泡沫经济”的崩溃使日本金融机构背上了沉重的不良债权包袱。到1998年9月末，经审核，日本所有银行不良债权总额高达730270亿日元。这使得银行不愿意向企业贷款，并千方百计地收回以前放出的款项，从而造成企业，尤其是中小企业的筹资困难，致使许多企业破产。

第六，财政危机严重，削弱了政府干预经济的能力。日本一直奉行凯恩斯主义的赤字财政政策，政府的财政支出规模不断扩大，财政收支日益失去平衡，日本已经成为发达国家中财政危机最为严重的国家。自“泡沫经济”崩溃以后，大型景气对策的不断出台使日本财政状况日趋恶化。

总之，日本经济增长停滞并不是局部性问题，而是综合性、体制性问题。放松企业管制，改革经济体制，才是日本经济恢复增长的根本出路之所在。

（资料来源：选自：邵明豪，二十世纪九十年代日本经济衰退的原因及对我国的启示，《消费导刊》，2009年08期）

第十一章 中间路线的启迪
——萨缪尔森与中国经济

第一节　市场失灵的缘由

在第四章我们介绍了萨缪尔森描述的“混合经济”的图景，并详细地展示了市场与政府在现代经济中的角色和职能，而目前中国的经济正处在由“计划经济”向“市场经济”转轨的时期，这种情形正与“混合经济”图景不谋而合。那么，是不是等经济转化成功，我们的经济就必须“一边倒”呢？本章我们将从市场本身的一些缺陷和政府对经济过多干预的弊端进行分析，并进一步探讨中国经济的未来之路。

我们已经知道，市场是买卖双方进行商品交换的场所。那么，什么是市场经济呢？可能有人会答，美国、欧洲等西方发达国家就是市场经济。市场经济与计划经济间有何界限？我们中国一直呼吁建立的市场经济难道就是要效仿西方国家？显然，由于文化、国情等各方面的差异，效仿是不可能的。因此，我们要建立市场经济就应该首先把握什么是市场经济、市场经济有何特征以及市场经济的社会存在哪些缺陷。

何谓市场经济

市场经济与市场有关，但它又不同于市场。市场经济属于商品经济，与“市场”有几千年的历史相比，“市场经济”只有一百多年的历史，市场是商品生产和交换的产物，但只有市场上商品交换的规则成为社会普遍行为规则时，商品经济才进入它的高级形式市场经济。

市场经济（又称为自由市场经济或自由企业经济）是一种经济体系，在这种体系下产品和服务的生产及销售完全由自由市场的自由价格机制所引导，而不是像计划经济一般由国家所引导。

但是，市场经济也有可能存在政府的干预。目前世界上并没有市场完全自由的国家存在。不过，这“自由”一词并非经常用于如此绝对的形容上，比如很少人会支持一个生化武器能够自由交易的“自由市场”。更确切地说，自由市场是一个政府干预仅限于保护财产权利及和平环境的体制，好让市场机制能顺利运行（又称为自由放任）。许多资本主义制度的国家并不一定符合自由市场的层次，即使是最能代表资本主义的美国，也会对市场施加一定的限制。依据经济自由度指数，世界上也有一些比美国市场管制更少的地区，例如香港。完全的自由市场应与无政府状态结合，因为一些人认为自由市场便意味着政府的不存在。只有少数自由市场的学者会支持废除政府，亚当·斯密和米尔顿·佛利民都认为政府应该扮演一定的角色——不过必须限制其权力。即使是无政府资本主义者也相信法治应该由自愿组成的私营机构所维护。大多数自由市场学者认为政府应该尽可能地被限制：运作一个司法体制以解决争议、维持货币的稳定（对抗通货膨胀）、保护市场竞争和消费并维持一支常备军以保护国家。一些学者认为政府支援的道路、学校、邮局、图书馆、警察局和消防局是必要的机构，但一些学者则认为市场能够自行解决这些外部性问题。

市场经济与计划经济最主要的差异并不在于政府影响程度的大小，而是在于政府的影响力是否会用于强迫性阻碍私人的决定上。在市场经济里，如果政府需要更多钢铁，那政府会收取税赋并以市场价格买入钢铁。而在计划经济里，政府只需要下令生产钢铁，并且依据法令设立价格便能取得钢铁。结合了中央计划经济和市场机制的经济体制则被称为混合经济。德国的社会市场经济便是混合经济的例子之一。

经济学上认为，在完全竞争条件下，市场可以通过供求形成均衡价格，使资源配置达到“帕累托最优”，揭示出市场在配置资源上的内在机制，使市场被看成经济运行的中枢，从而将商品经济或货币经济引向“市场经济”。

从上面的定义，我们可以总结出，市场经济是一种竞争经济，是一种效率经济。这是市场经济的两个基本特征。同时，既然存在竞争，就必须有一定的“竞赛规则”或者说需要一定的秩序来规范其有效竞争和效率的发挥，这样市场经济就隐含了第三个特征，法制经济。

从整个社会福利角度来说，一种经济行为有效率，就是指某产品的价格 = 边际成本 = 边际效用，此时，资源配置达到最优化，生产者也不会因此获得超额利润，消费者可以获得最大的消费者剩余。

在经济学和金融学中，边际成本指的是每一单位新增生产的产品（或者购买的产品）带来的总成本的增量。这个概念表明每一单位的产品的成本与总产品量有关。比如，仅生产一辆汽车的成本是极其巨大的，而生产第 101 辆汽车的成本就低得多，而生产第 10000 汽车的成本就更低了（这是因为规模经济）。边际成本和单位平均成本不一样，单位平均成本考虑了全部的产品，而边际成本忽略了最后一个产品之前的。例如，每辆汽车的平均成本包括生产第一辆车的很大的固定成本（在每辆车上进行分配）。而边际成本根本不考虑固定成本。例如，生产某种产品 100 个单位时，总成本为 5000 元，单位产品成本为 50 元。若生产 101 个时，其总成本 5040 元，则所增加一个产品的成本为 40 元，即边际成本为 40 元。

消费者剩余，是指消费者在消费一定数量的资源品时愿意支付的最高价格与实际支付的价格之差。我们前面知道，消费者之所以愿意消费商品，是因为商品能给他们带来效用，经济学上认为，消费者愿意根据商品的效用支付一定的价格（这个价格是一个价格上限即最高价），当然，如果价格更低，消费者更合算，但是，由于消费者对于商品的边际效用是递减的，所以，他们随着商品的增多，愿意支付的最高价也会降低。但厂商一般买商品是按同一个价格出售的。而在均衡条件下这个价格满足，价格 = 边际成本 = 边际效用，是一个最低价。所以，产生差额的原因在于：除最后一单位外，该商品用货币表示的边际效用都大于其价格。

然而，这种情况只有在完全竞争市场上才能实现，现实市场总是存在一些缺陷，比如不完全竞争，即所谓的竞争性市场失灵。

竞争性市场失灵的四种基本原因

1. 市场失灵

生产者或要素投入品的供给者拥有市场势力时，会产生无效率，因为他在生产某产品时选择边际收益与边际成本相等的产出量，并以比竞争性市场高的价格出售较少的商品。较低的产出意味着较高的边际成本。比如，一些垄断厂商，由于垄断他们具有定价权，他们的价格可能比其成本高出许多，这样消费者能消费的产品就会偏少，这就会损害消费者的利益。同时，由于需求少，生产者的生产能力也可能会存在过剩，存在资源浪费。

2. 不完全信息

信息不完全不仅是指那种绝对意义上的不完全，即由于认识能力的限制，人们不可能知道在任何时候、任何地方发生任何情况，而且是指“相对意义上的不完全，即市场经济本身不能够生产出足够的信息并有效地配置它们。这可能会给生产者一种刺激，使他们把某些东西生产得太多，而把另一些东西生产得太少。作为一种有价值的资源，信息不同于普通商品。人们在购买普通商品时，先要了解它的价值，看看值不值得买。但是，购买信息商品却无法做到这一点。人们之所以愿意出钱购买信息，是因为还不知道它，一旦知道了它，就没有人会愿意再为此进行支付。这就出现了一个困难的问题：卖者让不让买者在购买之前就充分地了解所出售的信息的价值呢？如果不让，则买者就可能因为不知道究竟值不值得而不去购买它；如果让，则买者又可能因为已经知道了该信息也不去购买它。在这种情况下，要能够做成“生意”，只能靠买卖双方的并不十分可靠的相互信赖：卖者让买者充分了解信息的用处，而买者则答应在了解信息的用处之后即购买它，因而在市场交易中会导致道德风险，使得市场效率低下，在一定程度上限制了市场的作用。

3. 外部性

萨缪尔森定义：“当生产或消费对其他人产生附带的成本或效益时，

外部经济效果便产生了；也就是说，成本或收益附加于他人身上，而产生这种影响的人并没有因此而付出代价或报酬；更为确切地说，外部经济效果是一个经济主体的行为对另一个经济主体的福利所产生的效果，而这种效果并没有从货币或市场交易中反映出来。”当某一种消费或生产活动对其他消费或生产活动产生了不反映在市场价格中的间接效应时，就存在外部性。

它可以分为正外部性和负外部性。

例如，教育是一种正外部性。完善的教育系统培育出的人才，会对社会建设作出贡献，这是对所有人都有益的。建设一栋造型美观的建筑，让这个地区的所有人都可以欣赏到这一道风景线，也是一种正外部性。以最近的例子来说，某人去注射了甲流疫苗，这场消费不仅对他自己有好处，对他周围的人也有一定的好处，即接触到病毒的传染源减少。这也是一种正外部性。

又如，工厂在生产中所排放的污染物就是一种负外部性。它所造成的社会成本包括政府治理污染的花费，自然资源的减少，以及污染物对人类健康造成的危害。某人养了一只狗，这只狗喜欢每天夜里不停地叫。这个人由于习惯于夜生活，所以并不会对此感到困扰。可是他的邻居习惯于早睡，每天就会被狗的叫声弄得失眠，于是不得不花钱买安眠药。在这里养狗对于这个邻居也是一种负外部性。

其实，任何一种经济活动都会对外部产生影响，汽车运输必然会产生废气污染环境，而植树造林发展林业就会形成改善环境的结果。这就是经济的外部性。如果说前者是“负外部性”的话，后者就应该被称作是“正外部性”。外部性扭曲了市场主体成本与收益的关系，会导致市场无效率甚至失灵，而负外部性如果不能够得到遏制，经济发展所赖以存在的环境将持续恶化，最终将使经济失去发展的条件。

对于这些就需要政府的介入，对负的外部性征收税负，正的外部性给予补贴。征税可以抑制产生负的外部性的经济活动；补贴可以激励产生正的外部性的经济活动。

4. 公共产品

我们说的公共产品又称公共物品，比如国防、秩序、环保、科技、教育、文化。其特点是一些人对这一产品的消费不会影响另一些人对它的消费，具有非竞争性；某些人对这一产品的利用，不会排斥另一些人对它的利用，具有非排他性。一般由政府或社会团体提供。它们为什么不能像其他产品一样由私人提供呢？

这是由它的两个基本特征决定的：非竞争性和非排他性。

前者是指一部分人对某一产品的消费不会影响另一些人对该产品的消费，一些人从这一产品中受益不会影响其他人从这一产品中受益，受益对象之间不存在利益冲突。例如国防保护了所有公民，其费用以及每一公民从中获得的好处不会因为多生一个小孩或出国一个人而发生变化。

后者是指产品在消费过程中所产生的利益不能为某个人或某些人所专有，要将一些人排斥在消费过程之外，不让他们享受这一产品的利益是不可能的。例如，消除空气中的污染是一项能为人们带来好处的服务，它使所有人能够生活在新鲜的空气中，要让某些人不能享受到新鲜空气的好处是不可能的。如果私人投资，必定需要收费以获取利润，而由于其非竞争性，只要有一人购买此消费，其他人不用支付费用就能享受，大家都想"搭便车"，谁还会去付费消费呢？另外，如果由私人投资，则此类产品成本太高，很少有人能够承受。

正是由于这两个特征，决定了公共物品得由政府来提供。

公平问题

大多数经济学家都把分配效应排除在有关市场的成功或失灵的判断之外。在教科书的用法中，市场失灵一词通常被限定为偏离竞争均衡和严格有效的帕累托最优结果；而从狭义上讲，市场失灵尤其把这种偏离排除在分配公平之外。然而，这种排除通常伴随着承认：甚至是理想的市场的分配结果也许与社会公认的公平标准不一致，或与社会偏爱缩小收入和财富分配中的过度差别不一致，众所周知，需要在效率与公平之间进行权衡的地方。

所以，把分配不公当做市场失灵的一个例子在理论上是正确的。比如，我国2010年大约有20多万亿元银行储蓄存款。但是，还是有很多人处在水深火热之中，温饱问题都没有解决。此时，有人会问：为什么不把那些拿出来花了呢？又有人说：怎么花呢？银行储蓄存款总额中80%都是20%的人存的，而80%的人只占剩下的20%。结果，想花钱的人没钱花，有钱的人又不需要花那么多，这就涉及一个收入分配不公的问题。富的人太富，开的是宝马，喝的是拉菲、茅台；而有些人则极穷，吃不饱、穿不暖。这些问题单靠市场机制解决不了，市场机制只能解决效率问题，让经济快速发展，但不能解决公平问题，这是市场失灵的又一种表现。这些问题只能由政府来解决，政府向高收入的人群征税，给低收入的人群发放生活救济金，让穷人也能过上温饱的日子。

市场需要规范的秩序

还有一种市场失灵，就是市场本身不能制定“竞赛规则”，也不能有效地维护规则。市场经济是一个由千千万万的厂商和个人参与的过程，因此必然要求对人们的行为作出严格的规范，包括国家法律制度、厂商内部的管理制度、各种技术性操作规范以及产品和服务的质量标准等。这就好比，在乡间小道上，一个人或很少的几个人走路，无需交通规则，但在大城市，数以万计的行人、车辆一起上路，就必须制定交通规则了。也就是说市场经济的规范化是与市场化相联系的，没有市场化，就没有规范化。这时政府就需要出面扮演规则制定者和维护者的角色。

第二节 政府就是万能的吗

前面的内容告诉我们，只要实际市场的一般特征与理想的、完全市场的价格、信息和流动性特征具有实质性差别，由这些市场而导致的结果将不会是有效率的。这里，政府干预的理由再一次出现了。只要价格和利润率在某种情况下不能反映机会成本，只要消费者并不是平等地拥有生产和市场信息，只要所有的生产者并不能平等地获得有关市场机会和生产技术的信息，或者只要生产要素的运动取决于生产者对这种信息的依赖能力上，那么，市场的力量将得不到有效分配，而且经济也将低于其产能水平之下。而这些前提条件大量地存在于欠发达国家的经济之中，并且确实是更发达国家经济中没有遇到的。的确，尽管这些不完善在某种程度上存在于所有的市场之中，但在相当大的程度上，它们突出地存在于某些市场中。在这种情况下，公共政策则意味着即便不能消除，也是为着减少这些缺陷：促进信息的有效性，降低准入和流动的门槛，等等。

我们前面的第四章介绍政府的角色时就说了政府的三大职能：提高经济运行的效率、增进公平、保持经济的稳定和增长。

分析到这里，你可能会觉得此般的市场经济是如此完美绝伦，照这个模式，一个经济体还能有什么大问题？然而，我们的现实是那些所谓市场经济国家贫富差距日益拉大、腐败事件屡屡曝光、通货膨胀日益严重、失业率出现上升趋势、经济政治危机频繁出现，人民怨声不断。有人可能会问：市场也发挥作用了，其缺陷也由政府这只有形的手补充了，那么，到底是哪里出了问题呢？为什么政府就不能医治这些经济病症呢？政府到底

怎么了？

萨缪尔森认为，当国家干预不能提高经济效率或改善收入分配不公平时，此时“政府失灵”便产生。他认为政府失灵的表现有：政府干预经济的能力有限；为竞选提供资金所导致的决策不客观，存在利益集团导向；寻租行为泛滥等问题。

- **政府干预经济的能力有限**

在现实生活中，作为配置社会资源两大主体的政府与市场之间，并不存在简单的“非此即彼”的关系，“市场失灵——政府必能”或者“政府失灵——市场必能”的情况只是偶然的个别现象。因此，萨缪尔森主张，政府干预必须适度才能见效，干预不足或干预过度都不利于市场机制的有效运行。之所以如此，根源就在于政府干预在纠正“市场失灵”时作用与功能的相对有限性，一般而言，市场解决不了的问题政府干预也未必能见效。

具体说来，政府干预功能的有限性主要表现为：一是政府无法准确预测与评定经济政策的实施结果，也就难以保障干预政策的完善与优化，从而引致政策手段与宏观目标的矛盾与冲突，无形之中就削弱了政府决策的内在效能。二是政府由于缺少足够的财力资源，因此面对众多的“市场失灵”与多元化的社会经济目标，政府的干预往往顾此失彼，陷入干预不足与调控疲软的困境。三是政府干预过度，不仅不能有效地医治“市场失灵”，反而引发其它病症，加剧市场波动，扭曲市场信号，从而更加不利于资源配置效率的优化。如：财政政策的过度实施引发财政赤字与通货膨胀；货币政策“时滞”的不确定性导致政策导向错位，加剧经济波动；而对微观经济活动的过细调节又必然引致市场机制的异化。

- **政府决策的利益集团导向性**

从理论上讲，政府是公共意志和公共利益的法人代表，但是，任何政府机构之所以延续与发展，必然有其强大的社会经济基础，由此决定了政府并非完全中立，它总是代表一定的社会经济力量并为之服务。尽管现代市场经济强调政体的民主性与政府机构的公众性，但政府及其人格化代表并不一定能够代表社会公众利益。因此，在进行重大经济决策时，在选择与确立干预社会经济生活的目标和手段时，政府往往只代表某个特定利益集团的利益，由此决定了政府宏观决策的相对狭隘性与不公共性。

这种不公共性在现实生活中主要通过三种现象表现出来，一是“没有代表性的政府”（即所谓的“金钱政治”）；二是“官员腐败的必然性”（即政府官员在公共利益的掩盖之下利用权力来谋求私利而损害社会公众利益）；三是“眼光短浅”（即在激烈的竞选斗争中，导致政治决策上的近视眼，进而引发经济发展中的“政治周期”与普遍的短期行为）。与此同时，由于社会市场信息分布的分散性与广延性，决定了政府完全准确地占有与处理信息，无论是在经济上还是技术上都是不可能的，因而从一定意义上讲，政府宏观决策只不过是政府工作人员根据相对不足的决策客体与环境的主观理解来制定的。这就必然导致政府决策的主观性与随意性，难以保持政府宏观调控经济决策的规范化与科学性，这种宏观决策的失当，必然引发经济运行的波动与资源配置效率的流失。

- **寻租行为泛滥**

寻租行为是一种常见的经济活动，不论在哪种政治制度、经济体制下都有它的踪迹。寻租行为在主流经济学中被认为是一种浪费社会资源的行为，其盛行将产生社会生产的低效率以及社会福利的损失。

在现代市场经济条件下，最常见的“寻租”行为，萨缪尔森分析指出有四种，即政府定价——政府对价格的垄断管制引发黑市与倒爷的滋生；政府订货——不是借助于市场竞争而是行政指令，必然导致订货交易的垄断利润；政府生产与销售许可证制度；政府关税及进出口配额制度。同时，萨缪尔森指出：由于政府干预总是直接或间接地作用于厂商或居民，而厂商或居民为了争取政府干预的正效应（如优惠政策、优惠货款、稀缺资源等），尽量消除政府干预的负效应（如强化管制、提高税率等），往往采取各种不正当的途径，进行多样化的“寻租”活动，进而引发诸如官员腐败、权钱交易等一系列负经济效应，这同时也是政府干预经济、纠正“市场失灵”过程中不可避免的伴生现象。

寻租行为有多种形式，其中最常见的就是某经济个体为本企业得到项

目、特许权或其它稀缺的经济资源的使用权，贿赂政府官员；另一方面，政府官员利用手中的权力为个人获得好处。寻租往往使政府的决策或运作受利益集团或个人的摆布。寻租行为基本上是为法律所禁止的，因为寻租往往成为腐败、社会不公以及社会动乱的来源。

小链接

食品监管“养鱼执法”是市场和政府双重失灵的写照

一些地方监管部门的办公经费和人员工资要依靠上级返还的收费罚款来解决，这造成了一些部门和工作人员的执法为利。当罚款成福利时，食品安全怎能不成泡影？可以说，食品监管“养鱼执法”是市场和政府双重失灵的写照。

从近期曝光的“染色馒头”、“瘦肉精”猪肉、“牛肉膏”等食品安全事件看，少数监管部门和工作人员将能不能创收作为管与不管的取舍标准，甚至存在执法腐败，监管职责被抛之脑后。山东某县质监局一位食品审查员曾多次向记者反映基层监管问题：“如果说之前曝出的上海出租车运营是‘钓鱼执法’，我们现在就变成了‘养鱼执法’，每天的工作目标就是想着如何完成‘创收’任务。”

近年来，诸多食品安全事件层出不穷，让公众产生了恐慌情绪，我们不仅看到了市场失灵，更看到了政府失灵，站在这样的背景下，“我们的福利来源于罚款”是怎样的话语呢？是让你胆战心惊还是漠然视之？在笔者看来，公众的食品安全恐慌不是没有道理的，而政府和市场双重失灵的恶果正在逐步显现。

当下，食品安全问题越来越严峻，民众越来越关注，加强监管的呼声越来越高。我们经历了多少食品安全引起的社会风险？就笔者记忆，从海城豆奶案连累学生奶、含氰狗肉令人发怵、龙井茶铅含量超标、乡吧佬染色弄巧成拙、毒火腿、海带有毒到毒奶粉事件、“染色馒头”、“回炉面包”“瘦肉精”猪肉、“牛肉膏”事件，哪一件不让公众胆战心惊？哪一件不是触目惊心？在这样的事实面前，你能不恐慌吗？

正是由于食品安全具有公共产品属性，而市场机制在公共产品的提供上又往往难以起作用，保障食品安全这一公共产品的提供，就成为政府的责任。同时，政府食品安全管制行为本身就是一种公共产品。管制与服务是一体之两面。食品安全管制对食品生产、销售者来说是管制，对消费者来说就是服务。政府食品安全管制不是针对某一个经济主体，而是针对众多生产、销售、储存、运输食品的经济主体。换句话说，政府食品安全管制在实际运用中不具有排他性，可以同时作用于所有被管制对象。政府食品安全管制提供的不是一般的有形的公共产品，而是一整套法律、法规、制度和规则，是食品安全状况的改善和良好市场秩序的维护，是无形的公共服务。但是，面对“我们的福利来自于罚款”时，所谓的政府监管恐怕就是一种奢望了吧？

当下，我们处于食品安全事件风险高发期和矛盾凸显期中，但不意味着公众的食品安全诉求就应该被抛弃，相反，要求监管部门直面困境，消除公众的担忧。现行体制下，一些地方监管部门的办公经费和人员工资，要依靠上级返还的收费罚款来解决，这多少造成了一些部门和工作人员的执法为利。如此的怪象证明有些职能部门和地方政府的不作为现象的确是不可否认的事实。当罚款成福利时，食品安全怎能不成泡影？可以说，食品安全监管“养鱼执法”是市场和政府双重失灵的写照。造成行政不作为的主要原因，是对这一现象的危害性认识不够，没有建立健全相应的法规，明确行政机关及其工作人员的权责，对履行职责情况缺乏监督。

在众多食品安全事件面前，为了将利益最大化，有多少企业和个人置国法、道德和公民的生命安全于不顾，知法犯法，祸国殃民？执法监督是发现执法者违法行为的有效措施。但是，在屡屡发生的食品安全事件中，绝大部分事件在被媒体曝光前并没有听到监督者的声音。这表明现有的监督机制并没能发挥作用。可以说，我国在食品、药品安全问题上的反应总是要慢上半拍。因此，应当建立食品安全预警制度，发现苗头立即上报，及时研究对策和采取措施，要变消极的事后补救为积极的事前防御。

（资料来源：朱四倍，2011 年 4 月我们的政府也难呀！）

在这个转轨时期，我国政府给市场“放权”的程度已大大提高，同时，也努力在市场问题暴露的地方大打出手，然而，我国政府干预市场的某些方面还是不尽如人意。

比如，公平分配从来就是一个极其感性而内涵混乱的说法，但在当代中国，对公平分配的诉求中却隐含着社会各群体收入差距持续扩大这样一个不容忽视的社会发展问题。为了响应社会对公平分配的诉求，多年来，中国的选择是以政府为主导，着力于在收入分配领域进行调节，力图通过政府的一些收入分配政策在初次分配和再分配领域中缩小群体间的收入差距，如：规定城市最低工资，扩大城乡社保覆盖范围，对欠发达地区的大规模转移支付，推行《劳动合同法》，对垄断行业工资的“封顶”动议等。但是，已有的措施并未取得预期效果，中国社会各群体之间的收入差距仍在持续扩大。同时，社会多数群体对收入差距扩大的不满情绪也日渐弥漫，并正在成为威胁社会安定的潜在因素之一。

另一方面，强化在分配领域中缩小社会各群体间的收入差距的措施，很难避免社会收入分配上的平均主义问题，均贫富的后果只能是破坏市场经济的竞争机制，重蹈旧体制下大锅饭养懒汉覆辙；其二，政府部门趁势搭便车，以收入分配改革为名积极增加政务人员收入。近些年的公务员收入分配改革和以公车改革的名义大幅增加政务人员的收入，正在激化社会对收入不公问题的不满；其三，为了满足在分配环节调节收入差距的需要，各级政府将以财政负担加大为由，继续扩大对社会资源的垄断，同时增加企业税负，进而削弱市场配置资源的效率；其四，为了在分配领域中深化分配改革，近些年来，在初次分配中也要讲公平的见识日渐成风，由此而导致的后果只能是强化政府对市场微观主体经营行为的干预，从而危及市场规则的贯彻。

政府在市场经济上究竟应扮演何种角色依然是争论的话题。大多数市场经济的支持者认为政府有着保护和执行基本法规的正当性。更多的争论聚焦于政府在指引经济和处理市场不平等上应该扮演多大的角色。举例而言，贸易保护主义的关税、中央银行的利率和社会福利计划一直都是争论的焦点。

米尔顿·佛利民与其他许多个体经济学家认为，过多的政府干预和管制将会造成市场情报的传送被阻挠甚至停止，而使市场无法正常运作，他认为这样将会造成许多严重的政府外部性问题如通货膨胀、衰退和萧条。

第三节 走在计划与市场之间

政府与市场的关系，正如上司与下属的关系一样，放不放权、如何放权，关系到一个企业的效益。而政府对市场多大程度的放权，也关系到市场经济运转的效果。

新古典经济学近年来在中国流行，并被主流经济学奉为圣经。其著名的市场调节原理即“看不见的手”的理论，这一理论的核心思想是：在理想的市场制度中，供给和需求通过价格涨落机制得到灵活调节和自动平衡。当供给不足时，商品价格上涨，高利润通过价格信号刺激投资者，促使其将资源、劳动力、技术转入短缺部门，于是供给增多，使需求得到满足。当供给超过需求时，商品价格下跌，低利润及低价格信号促使投资都转移资源、劳动力和技术，减少生产，于是供求恢复平衡。同时，在供给趋向满足的进程中，市场竞争激烈化，进而自然淘汰低效益的投资者，自然调整经济结构，从而保持生产的高效率。在这只看不见的市场之“手”的调整下，经济结构和制度自动得到调整和运转，资源得到最有效的配置，永远不会有生产过剩和供给不足的长期情况发生。这一直是庸俗经济学的一个梦想，但这纯粹是欺人之谈。危机的发生，即经济周期波动和震荡的发生，与市场经济的本质直接关联着。只要是市场经济，就无法摆脱这个周

期性危机的机制。

本次金融危机爆发前的10年前，萨缪尔森在文集《中间道路经济学》序言中表示，左派和右派的思想家喜欢用极端对立的方式思考问题，但这并不是他作为一个经济学家的作风，经验使得他不得不成为折中主义者：在个人的创造性和最优社会规则之间，寻找一条中庸之道。

寻找一条中庸之道

对于自由市场，萨缪尔森甚至早早地对过度的放任表示了担忧，“可以肯定地说，完全自由放任主义，不仅会导致个人之间的不平等发展到完全不必要的程度，而且会带来不可避免的宏观经济不稳定性——通货膨胀与通货紧缩、经济衰退与经济不景气，还有投资性金融泡沫与狂躁的价格暴跌危机。”（摘自：《中间道路经济学》）虽然他认同凯恩斯关于政府在经济危机时进行干预的必要性，却反对过于强势的政府，认为过于强大的政府不仅会降低经济效率而且可能扼杀自由。

在现代市场经济运行中，政府的干预是必要的，但必须适度才能达到预期目标，这就需要各国政府合理选择与确定政府参与经济的范围和空间。发达国家的历史实践充分证明，政府对社会经济生活的干预与调节决不能以侵犯准则和扭曲市场机制来达到弥补市场缺憾的目标，而只能通过政策变量的调整与经济参数的协调来纠正“市场失灵”现象，实现社会资源的优化配置。政府干预的适度值在不同的国家有不同的数量表现，不能强求一律，这里的关键在于一个国家市场经济的完善程度以及政府素质的高低。一般而言，“市场失灵”的地方正好是政府干预的空间范围，这主要表现为：市场经济中的垄断引致帕累托最优的失效，市场经济外部效果引致误入歧途，市场经济优胜劣汰导致社会不公，市场经济利润动机导致社会公共物品供应不足，市场经济自发规律导致经济增长波动等；政府的行为角色与模式选择应当在上述领域发挥独到的作用，否则政府干预不足或政府干预过度将导致资源配置效率的流失。

可见，市场与政府是当今社会资源配置的不可替代的两大主体，任何国家都必须充分认识到二者的作用并应采取适度创新来实现政府与市场的有机耦合。人类社会的实践表明，要想全面提高社会资源的配置效率，单纯依靠政府或片面强调市场，都是不可取的，这一点已被传统的社会主义经济运行模式与古典资本主义市场经济的实践所证明。而且从本质上讲，在现代市场经济条件下，政府调节本身就是市场经济的“题中之义”，而不是外在的因素，更不是一种异己的力量，所以现代市场经济是政府与市场有机融合的经济运行模式。正如萨缪尔森所言，现代市场经济是一种“混合经济”，市场机制在许多领域决定价格和产量，而政府却通过税收、支出方案和规章制度来调节市场。市场和政府这两个部分都是不可或缺的，没有政府和没有市场的经济都是一个巴掌拍不响的经济。

根据萨缪尔森的分析，在现实经济生活中，完善的市场功能与完善的政府行为均不存在，因为完全竞争的市场机制与无所不知、无所不能的政府都是一种理论抽象，现实生活中市场机制失灵与政府干预失效的情况比比皆是。一般而言，市场缺陷是政府介入经济生活的理由，但我们并不能由此得出结论：凡是市场出现缺陷的地方，都是政府活动的空间；凡是市场机制失灵的领域，政府干预必能有效。因为克服市场失灵的主体并非仅限于政府，其他经济主体如企业和民间非盈利组织亦能充当弥补市场失效的角色。在现实生活中，我们总是在不完善的市场和不完美的政府中做出理性的选择，因此不能过分迷恋政府的能力，应当承认“政府失灵”的可能与现实，政府干预失败不仅不能纠正“市场失灵”，反而会加剧市场混乱。正如英国经济学家亨利·西格雅克所言：“并非在任何时候自发放任的不足都是能够由政府的干涉所能弥补的，因为在任何特别的情况中，后者的不可避免的弊端都可能比私人企业的缺点显得更加糟糕。”

所以，现代市场经济是一种政府与市场相结合的“混合经济”，市场不是万能的，政府也并非万能的，“看不见的手”必须与“看得见的手”携手前行。

第四节　“中间道路经济学”或许是当代中国最好的选择

萨缪尔森的《经济学》和经济思想对于中国经济发展的极大影响怎样描述都不过分，尽管萨缪尔森并未直接对中国的改革提出太多的建议和意见，但是他的学术观点却通过著书立说整整影响了中国几代经济学人，并在中国经济建设的洪流中发挥着不可估量的神奇作用。

萨缪尔森与中国经济

“文革”后七七级、七八级的经济学子使用的教材，就是由高鸿业教授翻译的萨缪尔森的《经济学》第十版，而他们现在正是中国经济建设的中流砥柱，广泛分布在国家和省市各级财政、金融、税收、管理和经济学教学等重要岗位上。今天的学生正在通过研读《经济学》第十八版中文版和第十九版英文版，“开口不谈萨氏书，纵谈诗书也枉然”的学风也一直延续到今天。

1949 年中华人民共和国成立前，中国是一个典型的传统小农经济国家，只有微不足道的少量零星工业生产。中华人民共和国成立后，首先从 1949 年到 1952 年的短短三年内，迅速恢复了战争创伤，然后从 1953 年开始到 1970 年代，排除重重阻力，克服种种困难，在政府的强力推动下，走计划经济道路，初步完成了工业化。1978 年 12 月中共十一届三中全会之后，在新的历史条件下，实行改革开放，于 1984 年中共十二届三中全会提出发展有计划的商品经济，1992 年中共十四大提出发展社会主义市场经济。

相较美国自始至终的市场经济环境（即使有凯恩斯主义和自由市场的争议），中国经济自1978年以来，面临从计划到市场的转轨，萨缪尔森理论的引入如同醍醐灌顶。对于处在多重转型的中国改革路径，萨缪尔森将其更多地理解为从命令式的计划经济发展成为一种混合的市场经济。

目前，中国已经基本上建立了市场经济体系，步入了市场经济国家行列，但总体市场化程度仍然有待提高。

中国在改革发展的30多年间，一方面渐渐地建立由市场配置资源的经济体制，另一方面又加强政府对经济的宏观调控。每每出现宏观经济运行中的周期性波动，比如1997年的亚洲金融风暴和2008年以来的世界金融危机，政府当局往往会应用萨缪尔森的政策主张，遵从新古典综合学派所主张的积极的财政政策和适度宽松的货币政策，积极出台各类经济刺激计划，奉行扩大内需的“需求管理”政策，以最大限度地缓解经济困难，实现宏观经济的平稳运行。萨缪尔森的这种思想对中国经济在危机后如何进行政府的宏观调控具有重大的指导意义。当前现实经济中讨论比较多的“国进民退”以及“万亿财政支出引发的短期和中长期矛盾”等问题，也许都可以从萨缪尔森早年的一些著述中直接或间接找到答案。

更为可贵的是，萨缪尔森曾有一段简明而深邃的言语专门论述中国经济的未来走向：“面对中国未来命运的支配者，我能够提出哪些简明扼要的建议呢？基于我对微观——宏观理论以及经济史实际情况的了解，我必须建议中国将来应该以‘适度中间路线’经济作为自己的发展目标。纯粹的资本主义不可能实现自我监管，它始终会造成不平等性的加剧和宏观经济波动的不稳定性。

中间路线要求对市场和企业进行民主监管。虽然理性监管永远无法做到完美，但它是一个优于其他的目标。就定义本身而言，中间路线就是既不偏左也不偏右。我之所以向中国未来的管理层和人民推荐中间路线，并非因为我无法在左右之间做出抉择，而是因为中间路线优于其他两个选择。”（摘自《对中国发展的建言》）

小链接

萨缪尔森建言中国经济应走适度中间路线

保罗·萨缪尔森（Paul A. Samuelson）2008 年 11 月

近几十年来，改革开放中的中国不断加速发展，这是经济史上具有重大意义的事件。此前，几乎没有人对此有所预见。而现在，则几乎没有人会怀疑，到 2050 年，十几亿中国人将会创造全球最高的年度总计实际国民生产净值。

从千年经济史的长期观点来看，人们可能认为 2010 ~ 2050 年的世界经济将回归常态。一些专家估计，公元 1000 年左右，中国和欧洲的人均生活水平大致相当。此后，因为一些尚未完全明了的原因，中国被高速增长的欧洲抛在了后面。

最初，荷兰（帝国）也许是西方财富的领军者。不过，在 17 世纪以牛顿力学体系为代表的近代科学革命之后，英国成为了新的世界领袖。1900 年左右，原为英国殖民地的美国在人均和总计实际国民生产净值上均跃居世界首位。而在公元 1000 年到 2000 年期间，中国大陆并没有发生相对增长。

在人类历史上，未来永远充满了不确定性。那么，当我们展望未来，上述格局要如何才能得以改变呢？

我们必须明白一点：唯有市场体系才可能实现和维持过去百年来所取得的这种全球性的实际增长。这一真理不仅适用于欧洲和北美，也适用于亚洲和拉美地区的实际进程。所有事实证明，官僚式产业组织（或者在其它一些地方表现为列宁—斯大林主义的一党制政治社会）一旦规避市场和贸易，就一定会走向失败。

而在中国，一种崭新的现象出现了。中国拥有自由的市场和贸易。正因如此，我对中国的前景表示乐观。

面对中国未来命运的支配者，我能够提出哪些简明扼要的建议呢？基于我对微观—宏观理论以及经济史实际情况的了解，我必须建议：中国将来应该以奉行“适度中间路线”的经济体作为自己的发展目标。中间路线是将深受米尔顿·弗里德曼（Milton Friedman）、弗雷德里希·哈耶克（Friedrich Hayek）等自由论者所钟爱的不受管制的自由放任体制排除在外的。

纯粹的资本主义不可能实现自我监管。它始终会造成不平等性的加剧和宏观经济波动的不稳定性。

中间路线要求对市场和企业进行民主监管。虽然理性监管永远无法做到完美，但它是一个优于其它的目标。

就定义本身而言，中间路线就是既不偏左也不偏右。我之所以向中国未来的管理当局和选民推荐中间路线，并非因为我无法在左右之间做出抉择，而是因为中间路线优于其他两个选择。

每个地区和社会都必须为自己设计出中间路线所需的折衷方案。

最后，我要强调一下中间路线的适度问题。如果一个社会过度实行中间路线，并试图干预市场活动，进而想对收入和财富进行近乎平等的分配，那一定会削弱任何市场体系的活力。通过遵循民主多数原则的集体讨论，有望减少极端的不平等性。我们可以这样做，也应该这样做。但如果出于非理性的理想主义而忽视了现实主义，那就会扼杀中间路线，并使人类回到左翼和右翼的老路上，或者回到某种糟糕的组合路线上。

作为一个长期浸淫其中的经济学家，我努力信奉现实主义，而不是乌托邦式的理想主义。

中国未来的成功可能会受到美国爱国人士的欢迎。经济绝对不是零和博弈。瑞士财富的增多未必会以美国财富的减少为代价。请诸位务必记住最后这几句话。